afro

cidadanização
ações afirmativas e trajetórias de vida no Rio de Janeiro

PUC
RIO

Reitor
Pe. Josafá Carlos de Siqueira, S.J.

Vice-Reitor
Pe. Francisco Ivern Simó, S.J.

Vice-Reitor para Assuntos Acadêmicos
Prof. José Ricardo Bergmann

Vice-Reitor para Assuntos Administrativos
Prof. Luiz Carlos Scavarda do Carmo

Vice-Reitor para Assuntos Comunitários
Prof. Augusto Luiz Duarte Lopes Sampaio

Vice-Reitor para Assuntos de Desenvolvimento
Prof. Sergio Bruni

Decanos
Prof. Paulo Fernando Carneiro de Andrade (CTCH)
Prof. Luiz Roberto A. Cunha (CCS)
Prof. Luiz Alencar Reis da Silva Mello (CTC)
Prof. Hilton Augusto Koch (CCBM)

afro

cidadanização
ações afirmativas e trajetórias de vida no Rio de Janeiro

Reinaldo da Silva Guimarães

AFROCIDADANIZAÇÃO
Ações afirmativas e trajetórias de vida no Rio de Janeiro
Copyright © 2013 by Reinaldo da Silva Guimarães
Direitos desta edição reservados por Summus Editorial Ltda.

Editora PUC-Rio
Rua Marquês de S. Vicente, 225
Projeto Comunicar – casa Agência/Editora
22451-900 | Gávea – Rio de Janeiro, RJ
Telefax: (21) 3527-1760/1838
edpucrio@puc-rio.br
www.puc-rio.br/editorapucrio

Conselho Editorial PUC-Rio
Augusto Sampaio, Cesar Romero Jacob, Fernando Sá, José Ricardo Bergmann, Luiz Alencar Reis da Silva Mello, Luiz Roberto Cunha, Miguel Pereira, Paulo Fernando Carneiro de Andrade.

Summus Editorial Ltda.
Rua Itapicuru, 613, 7º andar
05006-000 | Perdizes – São Paulo, SP
selonegro@selonegro.com.br
www.selonegro.com.br

Copidesque
Carlos Silveira Mendes Rosa

Revisão tipográfica
Débora de Castro Barros

Projeto gráfico de capa e miolo
Flávia da Matta Design

Todos os direitos reservados. Nenhuma parte desta obra pode ser reproduzida ou transmitida por quaisquer meios (eletrônico ou mecânico, incluindo fotocópia e gravação) ou arquivada em qualquer sistema ou banco de dados sem permissão escrita das Editoras.

Guimarães, Reinaldo da Silva

Afrocidadanização : ações afirmativas e trajetórias de vida no Rio de Janeiro / Reinaldo da Silva Guimarães. – Rio de Janeiro : Ed. PUC-Rio ; São Paulo : Selo Negro, 2013.
208 p. ; 21 cm

Inclui bibliografia
ISBN (PUC-Rio) 978-85-8006-073-7
ISBN (Selo Negro) 978-85-87478-84-9

1. Relações raciais. 2. Programas de ação afirmativa na educação – Rio de Janeiro (RJ). 3. Cidadania. I. Título.

CDD: 305.8

Dedico este trabalho às duas mulheres que mais amo: Sandra Maria Coutinho de Carvalho Guimarães, minha esposa, e Maria da Conceição da Silva, minha mãe – *in memoriam*.

Ação afirmativa é sair da inércia. Está fazendo ação afirmativa cada professor que decide dar um pouco do seu tempo às aulas dos cursinhos pré-vestibulares para negros e carentes. Está fazendo ação afirmativa cada reitor, cada diretor de faculdade que analisa as falhas do sistema de cotas e encontra fórmulas para corrigi-las. Está fazendo ação afirmativa cada cidadão que abandona o conjunto de desculpas que nos paralisou por mais de um século e abre seus olhos, ouvidos e coração para entender o que os negros estão dizendo. Está fazendo ação afirmativa cada empresário que olha para seu quadro de funcionários, quase inteiramente branco, sua diretoria, inteiramente branca, e depois decide interrogar-se sobre que barreiras impedem os pretos e pardos de entrar ou ascender na sua empresa. Cada estudioso que duvida da ideologia que manteve as distâncias sociais e investiga números e evidências por trás da realidade do Brasil, cada cidadão que não se conforma, que não aceita as rotas desculpas de sempre está ajudando a quebrar a inércia que nos aprisiona há tanto tempo.

Miriam Leitão, 2004, p. 215.

Sumário

Prefácio › 9
Elisa Larkin Nascimento

Apresentação › 13
Denise Pini Rosalem da Fonseca

1. E depois do "sucesso"? › 17
Depois do meu "sucesso" › 25
Dois processos centrais › 34
Sete capítulos e um conjunto de "sucessos" › 36

2. Da construção à afirmação das identidades raciais › 41
Construção de identidades raciais › 42
"Raça" e "racismo" como estruturas de distinção e poder › 51
Identidade e reconhecimento › 67

3. Da "cidadania" à "afrocidadanização" › 75
Capitais e *habitus* › 75
Cidadania como estratégia de luta › 86
Ações afirmativas como instrumentos de afrocidadanização › 91
PVNC: ação social como ação societária › 100

4. Os "bem-sucedidos": bolsistas formados da PUC-Rio ❯ 109

A população estudada: documentos e escolhas da pesquisa ❯ 112

A seleção dos entrevistados: projetos e processos ❯ 113

O *locus* de origem ❯ 120

O *locus* na PUC ❯ 124

5. O que faz com que sejamos melhores hoje? ❯ 127

As entrevistas: 14 histórias de superação ❯ 128

Os entrevistados: uma amostra de "sucessos" ❯ 133

A dinâmica das autoidentificações raciais ❯ 149

6. Você ajuda as pessoas a começar a sonhar ❯ 163

O mercado de trabalho e a população negra ❯ 164

É estudando que a gente consegue! ❯ 168

Isso é normal? ❯ 172

O efeito multiplicador: as transformações materiais e simbólicas ❯ 182

O efeito multiplicador: a participação comunitária ❯ 191

7. Depois do "sucesso": algumas conclusões ❯ 195

Referências bibliográficas ❯ 203

Prefácio

A política da boa-fé

Este livro vem marcar um momento positivo na vida brasileira: o da progressiva ampliação de uma consciência de boa-fé nas relações raciais. A sociedade está se acostumando com o princípio das ações afirmativas. Tal momento seria apenas mais um nó no emaranhado de enganos que embaraça a questão racial, não fosse a crescente presença da voz própria daqueles que são os tradicionais alvos da discriminação e do preconceito. O trabalho de Reinaldo Guimarães surge como expressão dessa voz.

Ao publicar este texto, a PUC-Rio e a Selo Negro Edições registram um depoimento valioso sobre a experiência de ação afirmativa. Embora a universidade evitasse caracterizá-la como pertencente ao campo das relações raciais, o livro evidencia a riqueza dessa dimensão, tanto no impacto positivo sobre a vida dos bolsistas, suas famílias e suas comunidades de origem como no ganho que a participação delas e deles agregou à vida universitária.

Essa dimensão racial continua sendo alvo de reticências, negações e rejeições – semelhantes àquela que a atitude da própria universidade comunica – em razão do hábito de ocultar o seu sentido social em favor de uma suposta e desgastada acepção biológica. A questão do racismo passa, então, a ser objeto de um discurso dominante, cuja voz e cujo alcance reverberam ampliados em poderosos órgãos da mídia escrita, falada, televisiva e eletrônica. Tal discurso se assenta sobre uma postura de má-fé intelectual, mobilizando a boa vontade da população, que quer se afirmar antirracista, com base em uma falsa oposição entre supostos democratas, que não aceitariam "criar divisões" com base em critérios genéticos, e supostos racistas que advogam ações afirmativas. A única hipótese alternativa à da má-fé seria a de seus enunciadores não lerem ou não entenderem os textos daqueles que criticam. Desde a década dos 1950, por exemplo, Abdias Nascimento (1980, p. 270) afirmava: O vocábulo "raça", no sentido aqui empregado, tem exclusiva acepção histórico-cultural. Raça biologicamente pura não existe e nunca existiu.

Com este livro, a PUC-Rio e a Selo Negro Edições nos brindam com mais um depoimento que se agrega ao conjunto de testemunhos que ratificam a ação afirmativa como política da boa-fé. Acompanhando os resultados do programa de acesso à universidade por meio da trajetória profissional de pessoas que dele usufruíram, o estudo revela os benefícios trazidos aos bolsistas, às famílias e às comunidades. O efeito multiplicador é objetivo – trazendo melhorias materiais às famílias e ações sociais às comunidades – e subjetivo – ao criar referências inspiradoras de autoestima e confiança para grupos e indivíduos que prosseguem na busca de oportunidades. A boa-fé dos bolsistas está comprovada quando constatamos, com o autor, que a quase totalidade dos entrevistados, e principalmente aqueles que se declararam negros, pautaram sua vida acadêmica e profissional não apenas no desejo de transformar a própria realidade material e cultural, mas também de contribuir para transformar a realidade da sua comunidade. [...] Transformaram educação em valor familiar e comunitário, e desse "valor" extraem outros valores, éticos e estéticos, para as suas comunidades.

A obra revela assim o mérito acadêmico dos alunos bolsistas, contradizendo os maus presságios daqueles que costumam alegar, contra as políticas afirmativas, o "perigo" de se baixar o nível acadêmico da universidade ou de se promoverem pessoas sem "mérito". O estudo da trajetória desses indivíduos demonstra, de forma exemplar, o elevado mérito de quem supera inúmeros obstáculos, ao contrário de um imaginário desfrutador de privilégios concedidos. E comprova, ainda, a persistência de obstáculos raciais a ser superados no caminho de quem conseguiu se inserir no mercado de trabalho. O diploma de graduação não garante uma inserção não subalternizada. Nesse particular, a condição racial influi bastante.

Tive a honra de acompanhar parte da trajetória do autor, quando ele contribuiu de forma efetiva e elegante com os trabalhos do Instituto de Pesquisas e Estudos Afro-Brasileiros (Ipeafro), em parceria com a PUC-Rio, no início do processo de organização e tratamento técnico do acervo de Abdias Nascimento. Pude testemunhar o desempenho, a dedicação e a seriedade dos alunos bolsistas que atuaram na monitoria da exposição artística e histórica comemorativa dos 90 anos de Abdias Nascimento, que o Ipeafro realizou nas dependências do Arquivo Nacional nos anos de 2004 e 2005 (antes, nossa "minimostra" ocupara o espaço do Solar Grandjean de Montigny, centro cultural da PUC-Rio). E tive o prazer de acompanhar, desde a sua fundação, o Núcleo Interdisciplinar de Reflexão e Memória Afrodescendente (Nirema), em que os alunos da PUC desenvolvem suas abordagens e atividades. Todas essas experiências me autorizam a testemunhar a grande conquista das políticas acadêmicas e sociais da PUC-Rio no campo racial: a construção, entre bolsistas e não bolsistas, de uma política e de uma prática da boa-fé.

Elisa Larkin Nascimento
Instituto de Pesquisas e Estudos Afro-Brasileiros (Ipeafro)

Apresentação

O livro que ora se apresenta, em sua primeira versão, foi produto de quatro anos de uma pesquisa desenvolvida pelo autor no Programa de Pós-graduação em Serviço Social da Pontifícia Universidade Católica do Rio de Janeiro (PUC-Rio).

Defendido em maio de 2007 como tese de doutorado, sob o título *Educação superior, trabalho e cidadania da população negra*, aquele trabalho tinha como objetivo central descrever e interpretar o que ocorrera com os estudantes provenientes dos pré-vestibulares comunitários e populares em rede, beneficiários das bolsas de ação social – programa de ações afirmativas da PUC-Rio – após sua graduação.

Trocando em miúdos, o que interessava ao autor era dar visibilidade ao peso do racismo no mercado de trabalho brasileiro, uma vez superada a histórica barreira da formação acadêmica pelos negros brasileiros.

O autor assumia que o racismo existia – e existe – em todas as esferas da vida nacional – instituído e institucionalizado – e desejava dar como contribuição à luta antirracismo brasileira um saber oxigenado sobre suas estruturas de funcionamento. Naquele contexto, esta constituiu uma produção pioneira na academia brasileira, por várias razões.

Inicialmente, porque a oportunidade era histórica. Embora o debate nacional sobre as ações afirmativas no ensino superior brasileiro já houvesse começado, a partir da implementação da Lei Estadual n. 4.151/2003 do Rio de Janeiro, ainda era muito cedo para que se pudessem aferir seus resultados no mercado de trabalho qualificado, posto que a formação acadêmica tinha, no mínimo, quatro anos de duração.

Nesse contexto, no começo dos anos 2000 apenas a PUC-Rio já graduara mais de mil beneficiários de um programa próprio de ações afirmativas que contava, então, uma década de existência. Esta era, portanto, a única instituição de ensino superior no Brasil que poderia acompanhar seus egressos, membros da população negra e educados por uma casa de primeira linha, para conhecer o desenvolvimento de seu percurso profissional, intercruzando excelência acadêmico-técnica, extração socioeconômica e pertença racial. Somente na intersecção desses três elementos seria possível desarticular muitos dos, aparentemente, blindados argumentos racistas, de concepções meritocráticas ou tecnicistas, relativos às boas – e às melhores – oportunidades no mercado de trabalho, a exemplo de outras expressões do funcionamento da nossa hierarquia sociorracial.

Em segundo lugar, a novidade desta obra residia no fato de que ela focalizava formas institucionalizadas do exercício do racismo no Brasil no espaço do mercado de trabalho, novamente assumindo a dianteira no nascente debate sobre racismo e instituições brasileiras, de 2003 em diante. A acalorada discussão pública de então, sobre a constitucionalidade, eficiência, justiça e tantas outras formas de aproximação do tema das cotas – utilizadas como sinônimo de ações afirmativas – nas universidades públicas e privadas, por seu conteúdo revelador das entranhas do racismo à brasileira, não deixava espaço para que a sociedade visualizasse a dimensão estrutural – e estruturante – do racismo em nossas relações socioeconômicas em outras esferas. Nesse contexto, o debate sobre racismo institucional se focava na vida acadêmica e o horizonte do mercado de trabalho ainda nem se colocava nessa seara.

No campo do serviço social brasileiro, área das ciências sociais aplicadas na qual este trabalho foi desenvolvido, podemos afirmar que ele constitui um dos primeiros estudos no qual, individualmente, os temas da negação dos direitos de cidadania para a população negra brasileira, das ações afirmativas em instituições de ensino superior e do racismo institucional se colocaram. E, sem temer injustiças, podemos sustentar que este foi, definitivamente, o trabalho pioneiro da área a conjugar esses três temas.

E o caráter iniciático desta obra se confirmou no próprio fato de que ter sido a primeira tese defendida no Programa de Doutorado em Serviço Social da PUC-Rio, ajudando a consolidar o próprio programa e contribuindo fortemente para estabelecer uma das preocupações centrais da linha de pesquisa na qual estava inscrito: a luta antirracismo no Brasil. Além disso, um dos temas aqui em estudo – as ações afirmativas nas instituições de ensino superior – deu novo sentido à área de assistência estudantil nos últimos anos, sendo hoje um assunto que merece reflexão atenta de alguns dos mais prestigiosos programas de pós-graduação em Serviço Social do país.

Questionando-se permanentemente sobre o sentido da cidadania, que percebia como negada aos membros da população negra brasileira, o autor acabou por forjar um novo conceito: *afrocidadanização*. Processo por natureza, devir em concepção. Temeu tornar-se "branco virtual" e desejou "denigrir-se", ou seja: "tornar-se negro", mas sem buscar fazer de seu credo doutrina para outros. Foi – e é – um militante antirracismo, evitando posições extremas que mais separam do que promovem diálogos profícuos.

Quando eu o conheci, ele era egresso do Departamento de Sociologia e Política da PUC-Rio, havendo sido beneficiário das bolsas de ação social da casa. Mais: já havia concluído o mestrado em Sociologia no prestigioso Instituto de Pesquisas do Estado do Rio de Janeiro (Iuperj).

Era negro e trabalhava na roleta da entrada da biblioteca da PUC-Rio, casa da qual fora funcionário desde antes de toda essa história. Não resta dúvida sobre a motivação para o seu projeto de pesquisa doutoral.

Sem deixar de fazer parte da ala de compositores da sua escola de samba do coração, de trabalhar em ocupações muito aquém da sua capacitação para sustentar materialmente uma família grande, dando exemplo de dignidade, e de estudar muito para superar as lacunas deixadas por uma educação formal precária em seus anos estruturantes, o autor desta obra foi lapidando seu objeto de estudo como quem recebe da vida um tesouro em estado bruto e extrai dele uma delicada criação.

Mais do que uma explicação sobre *afrocidadanização*, o que há nesta obra é um roteiro, um plano de percurso a ser conhecido por aqueles que desejam contribuir com a construção de um devir de relações raciais mais equânimes, mais dignas e mais compassivas entre nós. Tarefa longamente devida por todos os brasileiros.

Denise Pini Rosalem da Fonseca
Professora do Departamento de Serviço Social da PUC-Rio

Capítulo 1

E depois do "sucesso"?

No começo dos anos 2000, um importante escritório de advocacia da cidade do Rio de Janeiro entrou em contato com a PUC-Rio para solicitar que a instituição indicasse o nome de um bom estudante de Direito que pudesse ser contratado para uma posição inicial aberta em seus quadros profissionais. Atendendo a essa solicitação, o Decanato do CCS escolheu um dos seus melhores estudantes e o orientou a dirigir-se ao referido escritório levando o seu currículo, o que foi feito prontamente. Ao ali chegar, o estudante se apresentou à recepção, entregando um envelope contendo os seus documentos. Ao se retirar, percebeu que não havia colocado no currículo o número do seu telefone celular para contato posterior, voltando à recepção para incluir essa informação no material entregue. Ao receber o documento de volta, o estudante constatou que no topo dele havia sido escrita a palavra "mulato". O jovem então substituiu "mulato" por "negro", anotou o número de telefone e devolveu o envelope ao balcão de recepção. A identidade do jovem negro será mantida em segredo, mas o que importa saber é que, pelo menos naquele momento, ele não foi selecionado para a posição oferecida.

Por razões que excedem o interesse desta obra, nas entrevistas que realizei com estudantes egressos da PUC-Rio, esse indivíduo não pôde ser incluído, porém não faltam outros exemplos igualmente significativos para o que pretendo discutir com base nesse caso. Entre eles, o depoimento de outra profissional negra, também formada em Direito pela PUC-Rio no ano de 2000. Em nossa conversa ela revela seu estranhamento por nunca ter sido encaminhada para estágios em famosos escritórios de Direito no centro do Rio de Janeiro. Indagando-se sobre os motivos desse fato, ela disse:

> Pelo menos quando eu estudei na PUC-Rio, tinha três alunos negros na minha sala: dois oriundos da Baixada e uma amiga que trabalha aqui comigo. A gente só conseguiu fazer estágio na Procuradoria fazendo prova. Na Defensoria também. Por quê? Nos escritórios de nome, quando nossos amigos lá faziam estágio, eram explorados, claro. Mas a gente não conseguia, não, não sei por quê. A gente era da mesma faculdade. Até hoje eu pergunto: por que não consegui fazer estágio no escritório do doutor fulano de tal, lá do centro do Rio de Janeiro? Por quê? A diferença é que eu era negra? Eu não quero colocar isso na minha cabeça, mas a menina lourinha, bonitinha, que morava na Zona Sul... Não sei se tem alguma coisa a ver, mas eu nunca consegui fazer estágio em escritório de nome no centro da cidade, nem para ser explorada. Vamos olhar pelo outro lado: em termos de ajuda de custo. Aí eles alegam: "Não vamos colocar porque você mora na Baixada e vai gastar muito dinheiro." Por essa lógica a gente não ia para PUC-Rio. A PUC-Rio não dava ajuda de custo também e eu, de onde eu moro para chegar lá, pegava três conduções. Eu não poderia ir para a PUC-Rio, se fosse no dinheiro de hoje, com menos de R$ 15 – só de passagem. Nunca me foi perguntado. Nunca tive oportunidade de ir num escritório desses para levar um currículo. Já deixei até, mas nunca fui chamada. Eu queria ter feito. Queria ter tido a oportunidade. Se por acaso eu não quisesse fazer, tudo bem. (Entrevistada 4. Formada em Direito em 2000. Duque de Caxias, 23/3/2006)

Nas raízes históricas da sociedade brasileira, a cultura política sempre reservou aos indivíduos da população negra uma posição subalterna na hierarquia social. O lugar imposto a esses indivíduos tem na esfera do trabalho sua expressão mais clara e definida. Sobre eles persistem inúmeras situações de discriminação, ligadas a valores negativos imputados à imagem social do negro por conta da marca da cor, da habilidade pessoal e da capacitação profissional. Tal situação observada nesse espaço social – no qual os indivíduos não só garantem sua sobrevivência como se reconhecem e são reconhecidos, fortalecem sua autoestima e conquistam ou não a cidadania plena – é um indício indiscutível e visível de expressões da desigualdade e da discriminação racial brasileira.

A base da argumentação para tal fato encontrada nas mais diversas análises sobre as posições subalternas ocupadas pelos negros no mercado de trabalho frequentemente atribui sua baixa representatividade em posições prestigiosas à sua falta de qualificação profissional, em especial no que se refere à sua insuficiência de "capital cultural".

Tal realidade é apontada em um estudo realizado entre agosto e novembro de 2005 pelo Instituto Ethos e o Ibope Opinião, em parceria com a Fundação Getulio Vargas (FGV-SP), o Instituto de Pesquisa Econômica Aplicada (Ipea), a Organização Internacional do Trabalho (OIT) e o Fundo de Desenvolvimento das Nações Unidas para a Mulher (Unifem), intitulado "Perfil social, racial e de gênero das 500 maiores empresas do Brasil e suas ações afirmativas". O estudo mostra claramente como ainda é pequena a representação da população negra em posições hierarquicamente superiores naquelas empresas, reflexo da realidade vivida pelo profissional negro no mercado de trabalho.

No que diz respeito à representatividade do negro nessas empresas, a pesquisa chama a atenção para o fato de este viver um processo muito grande de afunilamento hierárquico. Os negros têm uma representação mais baixa do que as mulheres e é menor sua presença quanto mais alto é o nível hierárquico. A representatividade dos negros no quadro executivo é de 3,4% contra 94,4% de brancos; no quadro de gerência, é de 9% contra 89%; no quadro de supervisão, de

13,5% contra 84,1%; e no quadro funcional, de 26,4% contra 68,7%. O estudo mostra que as mulheres negras são ainda mais desfavorecidas, representando 8,2% das gerentes e 4,4% das diretoras. Nesses níveis hierárquicos, as brancas estão, respectivamente, 89% e 94% dos postos ocupados por mulheres.

Ainda em relação à presença de negros nessas empresas, a comparação dos resultados sugere ter havido uma evolução positiva. Cresceu em três pontos o número de negros no quadro funcional: de 23,4%, em 2003, para 26,4%, em 2005. E quase dobrou a porcentagem de diretores negros nas organizações pesquisadas. Contudo, mostra uma oscilação no quadro da diretoria – de 2,6%, em 2001, para 1,8%, em 2003, e depois para 3,4%, em 2005.

De acordo com o levantamento, 75% dos presidentes das organizações da amostra afirmam não haver negros no quadro executivo e 4% sequer têm essa informação. Também é alto o número de empresários que dizem não haver negros em nível de gerência (46%).

Outro estudo, divulgado pelo Dieese em novembro de 2006 com base nas informações coletadas pela Pesquisa de Emprego e Desemprego (PED), mostra a condição desfavorável dos negros no mercado de trabalho em relação aos não negros, expressa com clareza em indicadores desfavoráveis de emprego, rendimento e qualidade da ocupação. Segundo o estudo, isso se deve à baixa escolaridade dos negros, consequência da dificuldade de acesso à educação e da maior incidência da pobreza.

Os dados da PED revelam a variedade da proporção de negros na População de Idade Ativa, composta por pessoas com 10 anos ou mais, entre as regiões metropolitanas pesquisadas: Belo Horizonte, Distrito Federal, Porto Alegre, Recife, Salvador e São Paulo, representando um total de 46,6% destes contra 53,4% de não negros. A pesquisa mostra ainda que a participação dos negros no mercado de trabalho e entre os desempregados evidencia as dificuldades de inserção profissional enfrentadas por esse segmento da população. Se o contingente de empregados é de 46,6%, o de desempregados corresponde a 55,3%. Segundo a pesquisa, independentemente da proporção que os negros representam no conjunto da população, em todas as regiões repete-se o mesmo problema: o número de negros entre os desempregados é sempre superior ao de negros entre os ocupados e no conjunto da População Economicamente Ativa (PEA).

No geral, os dados mostram que, nas regiões pesquisadas, mais de um terço dos trabalhadores encontra-se em situação vulnerável de ocupação, trabalhando como assalariados sem carteira assinada, autônomos, trabalhadores familiares não remunerados ou empregados domésticos. Os dados mostram também que entre os trabalhadores negros é maior a proporção de ocupados em situações vulneráveis, que varia de 42,7%, em Salvador, a 33,5%, no Distrito Federal. Já entre os não negros, os números se situam entre 33,7%, em Recife, e 25,6%, no Distrito Federal.

Os dados revelam ainda que, além da maior dificuldade de inserção, a remuneração dos negros é, em todas as regiões pesquisadas, muito inferior à dos não negros. Deixam claro que os ganhos por hora dos trabalhadores evidenciam mais a desigualdade por cor do que o rendimento mensal, pois sobre a menor remuneração mensal recebida pelos negros incide uma jornada de trabalho maior. Pode-se dizer, assim, que os negros se inserem no mercado de trabalho brasileiro de maneira mais precária, em posições subalternas, do que a população não negra.

Embora os dados apontem a precariedade de inserção e de mobilidade ocupacional dos negros na esfera do trabalho, já nas últimas décadas do século XX e no início do século XXI, com a luta pela ampliação das oportunidades de ingresso de estudantes negros no ensino superior, a subalternidade dessa população começa a se transformar de forma substancial, apontando como condição de futuro a possibilidade do aumento da presença desses profissionais em posições hierárquicas e de destaque.

Essa luta se deu depois da criação de redes horizontais de solidariedade (Fonseca, 2002), voltadas não apenas para a denúncia das desigualdades raciais como para, acima de tudo, o desenvolvimento de projetos concretos que viabilizem o acesso desse segmento às universidades e a melhores chances na sociedade. A expressão mais significativa dessas redes foi a criação dos cursos pré-vestibulares comunitários e populares em rede. Por "pré-vestibular comunitário" entendo a experiência circunscrita a comunidades específicas, tais como o pré-vestibular do Centro de Estudos e Ações Solidárias da Maré (Ceasm) do Rio de Janeiro. Por "pré-vestibular popular em rede" entendo as experiências desenvolvidas pelo Pré-Vestibular Para Negros e Carentes (PVNC) e pela Educação e Cidadania de Afrodescendentes e Carentes (Educafro). Estes desempenharam, ao longo dos anos 1990, um importante papel de caráter institucional para a inclusão dos negros na educação superior brasileira.

Já no início da década de 1990, um acontecimento significativo marcou o princípio de uma história de ações afirmativas no ensino superior brasileiro na cidade do Rio de Janeiro. A partir de 1994, estudantes provenientes das camadas mais pobres do município e do estado do Rio de Janeiro, em especial da Baixada Fluminense, começaram a ingressar nos quadros discentes da PUC-Rio, em função de uma importante parceria estabelecida pela universidade, por meio da Pastoral do Negro, com os cursos de pré-vestibulares comunitários e populares em rede, principalmente o PVNC, concedendo bolsas de estudo – integrais e não reembolsáveis – aos alunos aprovados regularmente em seu vestibular, por intermédio do seu Programa de Bolsa de Ação Social.

De acordo com os dados fornecidos pela Coordenação de Bolsa e Auxílios da Vice-Reitoria de Assuntos Comunitários, em junho de

2005, de um total de 42% das bolsas oferecidas pela PUC-Rio a alunos da graduação, correspondendo a 4.731 alunos, a Bolsa de Ação Social respondia por 14%, beneficiando um total de 704 alunos na graduação.

A PUC-Rio também oferece a esses alunos uma ajuda adicional, por intermédio do Fundo Emergencial de Solidariedade da PUC-Rio (Fesp). Tal fundo visa atender os estudantes beneficiários das bolsas de ação social que têm dificuldade de arcar com os custos referentes a transporte e alimentação. O Fesp, criado pelo Centro de Pastoral Anchieta, é financiado por doações voluntárias de membros da PUC-Rio (professores, funcionários, alunos, vice-reitorias acadêmica e comunitária, comunidade dos jesuítas etc.) e de instituições fora dela, como a Associação Nóbrega de Educação e Assistência Social (Aneas). Tais recursos financiam a compra de vale-transporte e de refeições para os alunos cadastrados no projeto.

Cabe ressaltar que a experiência da PUC-Rio é única na realidade brasileira, na qual a obrigatoriedade de ações afirmativas em relação às populações pobres e negras se apresentou como política pública com a Lei n. 3.708/2001. Decorre daí a importância desta obra como avaliação pioneira do alcance e dos limites dessas ações para o enfrentamento de uma ideologia racista em nossa sociedade.

Inicialmente voltado para a inclusão social de comunidades pobres, o convênio atingiu boa parte dos negros residentes na Baixada Fluminense e na periferia carioca, sendo por esse motivo considerado mais tarde um tipo específico de ação afirmativa. É importante ressaltar que esse convênio não se percebia como tal à época de sua formulação.

Ainda durante aquele período, a discussão sobre o acesso dos negros à universidade foi intensificada com a ampliação do debate sobre a real implementação das políticas de ação afirmativa na sociedade brasileira. Tais políticas são instrumentos específicos capazes de efetivar a inédita presença nas universidades brasileiras de segmentos sociais até então ausentes desse espaço de construção da cidadania. Na virada do século, as ações afirmativas ganharam destaque em todo o país, tornando-se referência nacional na luta pela democratização da educação e pela redução das desigualdades étnicas e raciais.

No entanto, se com essas iniciativas e ações o acesso ao ensino superior começou a se democratizar, também se colocaram novos problemas a ser investigados, redesenhando antigas questões. Decorridos 13 anos do ingresso dos primeiros estudantes provenientes dos pré-vestibulares comunitários e populares em rede na PUC-Rio, é importante dar um passo à frente. Urge empreender um relevante estudo no qual se contemplem não apenas as formas, estratégias e políticas que buscam ampliar as oportunidades de acesso ao ensino superior para a população negra (mesmo compreendendo que há muito ainda a ser feito), mas também se compreendam as novas questões surgidas depois da sua graduação, ou seja, sua inserção na esfera do trabalho.

Este livro visa analisar a trajetória de vida dos universitários provenientes dos pré-vestibulares comunitários e populares em rede, beneficiados pelas ações afirmativas da PUC-Rio desde 1993, depois de formados. O objetivo é conhecer a atual realidade profissional desses ex-estudantes, com ênfase nos indivíduos da população negra, e analisar o impacto que essa formação teve em sua situação material e em suas relações sociais mais amplas – como a vida familiar e na comunidade de onde são provenientes.

Ao empreender esta análise, política e simbolicamente relevante, procuro desvendar alguns aspectos ainda desconhecidos no que concerne tanto à profissionalização quanto ao acesso a bens culturais recentemente abertos aos negros. Assim, para além de mapear a trajetória dos estudantes em questão, procurei entender o que aconteceu depois de sua formação. Meu objetivo é saber se o acesso ao ensino superior e a passagem pela formação acadêmica de indivíduos negros têm de fato ampliado seus direitos de "cidadania".

A intenção é de contribuir com informações que permitam avaliar se as perspectivas integradoras, muitas vezes presentes nos discursos sobre a inserção de negros decorrente das ações afirmativas, têm transformado os conteúdos subjacentes às relações raciais no contexto sociocultural brasileiro. Assumo, então, que com as transformações ocorridas no acesso à educação superior deveriam mudar também as condições de inserção dos profissionais negros no mercado de trabalho. Isso significa que urge empreender uma análise do contexto atual, do empiricamente dado, para fugir das explicações apenas simbólicas ou estatísticas sobre a temática da inclusão social.

Aqui parto da hipótese de que o profissional negro, mesmo aquele formado com excelência acadêmica na PUC-Rio, ainda tem seu ingresso ou promoção preterido em virtude de sua condição racial, que prepondera sobre outros critérios seletivos. Trata-se, portanto, de considerar em que medida a formação acadêmica vem modificando as relações raciais na esfera do trabalho no Brasil e, consequentemente, mudando a vida desses indivíduos. Por essas razões, e em decorrência do imenso avanço que as ações afirmativas representam para a entrada dos negros no ensino superior brasileiro, é urgente discutir o alcance e os limites dessas ações no que se refere à inserção desses indivíduos, comprovadamente capacitados, na esfera do trabalho.

Depois do meu "sucesso"

A natureza das motivações que me levaram a escrever este livro deriva de uma combinação de "sucessos" pessoais: as vivências como funcionário e aluno da PUC-Rio, a autodefinição como membro da população negra, o compromisso assumido como fundador de um núcleo do PVNC em Niterói e, em especial, a persistência de uma condição profissional subalterna após o término da graduação em Ciências Sociais pela PUC-Rio em 1999 e do mestrado em Sociologia pelo Iuperj em 2001. Todas essas motivações formam o "sucesso" que passo a destacar.

Na PUC-Rio, disponho de uma condição privilegiada para acompanhar o percurso dos estudantes provenientes dos pré-vestibulares comunitários e populares em rede, pois desde 1991 sou auxiliar na biblioteca central e nos anos seguintes me tornei estudante de graduação e posteriormente de doutorado na própria universidade. Essa dupla inserção, desde 1995, quando os primeiros estudantes negros começavam a chegar à PUC como beneficiários de ações afirmativas, me permitiu estabelecer relacionamentos pessoais com eles – primeiro como profissional da biblioteca e depois como mais um membro do corpo discente.

Durante os primeiros anos de ingresso desses estudantes, quando ainda não estava muito claro para mim o que essa novidade significava – e significaria – para a PUC-Rio, para os negros e também para mim, pude acompanhar as diversas situações pelas quais passavam aqueles estudantes. Os problemas principais eram então de ordem econômica, principalmente relacionados com as permanência e as vivências desses indivíduos na universidade. Um exemplo disso foi o "caso do café da manhã". Como a opção mais econômica de café da manhã no *campus* era a do bar dos funcionários da universidade, os alunos começaram a "competir" pelo reduzido espaço da Afpuc nas primeiras horas da manhã, causando desconforto nos que chegavam para trabalhar. Ao estabelecer uma nova demanda de espaços e serviços no *campus*, o novo público discente da PUC-Rio, após seu "sucesso", teve de enfrentar uma das suas primeiras tensões no imaginado e desejado espaço da universidade: a obtenção de alimento de boa qualidade a um preço acessível. Nesse enfrentamento inicial, os estudantes foram vencidos pelos funcionários, mas sem abdicar das suas demandas conquistaram outras formas de ações afirmativas na universidade, que corresponderam a inúmeros outros "sucessos" que pavimentaram os caminhos dos que vieram depois. É difícil imaginar a fome se apresentando com clareza no espaço de uma universidade brasileira. Mas, para esses novos alunos, ela foi uma realidade concreta dos primeiros momentos, como se pode observar na fala de um dos entrevistados. Respondendo sobre o impacto que a passagem pela universidade teve em suas condições materiais, ele diz:

> Foi uma guinada muito grande [...] era muito ruim, acho que para todo mundo do pré [PVNC] [...] a gente não tinha dinheiro para tomar café no bar dos funcionários, que era o mais baratinho [...]. Eu nunca me esqueci disso [...] Eu lembro que a gente dividia pão com ovo no primeiro ano [...] com média, ali no bar dos funcionários [...] o primeiro ano foi muito complicado [...] logo depois, no segundo [1998], consegui entrar no PET [Programa de Ensino Tutorial]. O PET tinha uma bolsa auxílio, então as coisas ficavam [...] minimamente tranquilas, não era aquela "pindaíba" da passagem, da xerox [...] E hoje em dia [...] é muito confortável em tudo. Não tem do que reclamar [...] acho que pela quantidade de horas que trabalho sou muito bem remunerado. (Entrevistado 14. Formado em Geografia em 2001. Rio de Janeiro, 26/7/2006)

Mas é bom lembrar que nem todos foram "bem-sucedidos" e não foram poucos os "novos estudantes" que, entre 1995 e 1997, sobretudo por razões econômicas, não conseguiram terminar seus cursos. Como veremos mais adiante, ao longo dos anos esses problemas foram sendo mitigados e minimizados. À medida que acompanhei e vivenciei no dia a dia esses acontecimentos, passei a conhecer e a compreender os aspectos positivos e negativos da presença daqueles estudantes na universidade.

O processo de entrada de estudantes provenientes das camadas populares, em sua maioria composta de negros, foi um acontecimento cercado de muitas expectativas, tanto por parte daqueles estudantes como por parte de todos os outros segmentos da universidade. O processo desencadeou, na dinâmica das relações sociais da instituição, inúmeros estranhamentos para os estudantes, por vivenciarem uma realidade totalmente diversa das suas de origem, dando-lhes a sensação objetiva de estar "fora do lugar", de ser estranhos em um lugar estranho. A percepção que esses indivíduos têm de si mesmos ao ingressar na universidade poderia ser discutida com base na categoria *outsiders*, segundo definida por Elias e Scotson (2000). Naquela relação, os "estabelecidos", ou seja, os que chegaram antes e, portanto, mantêm sobre os demais uma posição de poder, fundam a distinção e esse poder em um princípio de antiguidade, encarnando os valores da tradição e da boa sociedade. Já os *outsiders* vivem estigmatizados por todos os atributos relacionados com anomia, delinquência, violência e desintegração. Dauster (2007) utilizou tal interpretação no estudo da distinção entre "bolsistas" e "elite". Vale ressaltar que, para mim, a adoção de tais categorias no estudo desse "estranhamento" reconhece como fonte de poder a diferença quantitativa e qualitativa de acesso a diversos tipos de "capital" (econômico, cultural e social), bem como, em alguns casos, na diferença racial que de certo modo reproduz em âmbito micro o que se dá na sociedade como um todo.

Esse "estranhamento" foi percebido em diversos momentos e episódios ocorridos tanto em sala de aula, nas relações professor/aluno e entre diferentes segmentos discentes, quanto nas relações com outros agentes sociais da universidade – sendo o "caso do café da manhã" emblemático. Candau (2004) aponta, a esse respeito, que a nova configuração do perfil do corpo discente da universidade provocou discussões acaloradas e conflitos em sala de aula e em outros espaços da instituição por ser entendida por alguns professores e alunos como uma "ameaça à sua qualidade", sendo as expressões "a PUC está diferente", "a PUC não é a mesma" e "a PUC escureceu" exemplos dessas críticas. Para exemplificar esses conflitos, ela traz alguns depoimentos de alunos provenientes dos pré-vestibulares comunitários obtidos em grupos focais:

> Eu já presenciei uma professora que falou que o rendimento da turma está caindo por causa da entrada desses alunos provenientes do pré-vestibular para negros e carentes! Absurdo! Tipo assim, uma deficiência, até isso: a PUC está selecionando mal esses alunos. Como se tivesse deixando entrar muitos bolsistas, e desse um desnível intelectual, e são pessoas com quem não dá para ter diálogo, porque você fala: o que é isso, professor? Não! É isso mesmo! E parece que tem uma raiva. (Candau, 2004, p. 98, testemunho de entrevistado)

> A professora desvia o olho como se não quisesse escutar! Eu até levantei a mão para falar, ela desvia o olho assim para não ouvir a sua opinião! Que ela já sabia que eu era de pré-vestibular! Isso foi na minha sala. (Candau, 2004, p. 98, testemunho de entrevistado)

> Eu fiquei até chateada porque a menina disse assim: o curso [...] está horrível! Só tem bolsista. O que mantém o curso [...] hoje são os bolsistas! Sabe? Desprezou de tal maneira como se a gente não fosse nada! E o pior que ela é também do curso! (Candau, 2004, p. 98-99, testemunho de entrevistado)

O trabalho se preocupa também em avaliar essas percepções do ponto de vista dos professores. Os testemunhos da pesquisa apontam para a consciência das dificuldades de adaptação à presença da diferença no interior de uma universidade que se via como um universo de iguais:

Tem gente que critica, que não quer, que de certa maneira quer expulsar ou conter esse movimento, com certeza! A universidade não é para todo mundo! Essa é uma frase comum ouvida! Não se ouve: eu vou procurar operar e vou me rever ou vou buscar junto com os meus pares novas estratégias. Mas há diferenças entre os professores. (Candau, 2004, p. 99)

Eu acho que predominam [professores] que têm dificuldades para construir estratégias diferenciadas, mas eu acho que ainda têm uma tendência a conservar, porque as crenças estão lá – universidade não é para todo mundo! Está errado. A universidade é elite! Ainda predomina a critica à entrada dos alunos desse tipo de clientela – é preciso conter esse movimento. É preciso rever esse movimento. É preciso limitar quantitativamente a entrada desses alunos e aí mexer no vestibular, torná-lo mais seletivo (Candau, 2004, p. 99, testemunho de entrevistado)

Para os indivíduos da população negra, em especial os que são pobres, o fato de pertencer à universidade ou de lutar por se estabelecer como um "filho da PUC" é uma daquelas experiências cujo impacto é desestabilizador de subjetividades e nos afeta de forma marcante por toda a vida. Aqueles que nela ingressam sem imaginar o mundo que vão encontrar – e os primeiros a chegar não o sabiam – experimentam logo na entrada o primeiro grande impacto. A dinâmica das relações sociais no ambiente acadêmico e cultural da universidade impõe, por diversos motivos, entre eles os decorrentes das relações raciais, o entendimento de que são "diferentes", "filhos" inesperados. Mais que isso, a marca da cor e a posição socioeconômica de uma parte substantiva desses estudantes faz que eles muitas vezes se percebam como "não pertencentes" à universidade, embora dela façam parte.

Questões como essas foram claramente sentidas e refletidas pelos primeiros estudantes beneficiários das ações afirmativas. Mas é importante dizer que esse impacto inicial é também construtor de novas subjetividades, porque nos oferece a possibilidade de uma transformação pessoal e acrescenta novos conhecimentos às nossas velhas concepções de mundo, dando-lhes um sentido positivo. Depois dessa experiência, já não se vive mais a ilusão da inserção em determinado contexto sem que realmente se esteja nele inserido; vive-se uma realidade objetiva, passível de ser transformada, na qual a capacidade de se superar e melhorar a cada dia pauta a nossa luta vindoura e os novos "sucessos" a conquistar.

As transformações ocorridas ao longo dos anos, tanto na universidade quanto na subjetividade dos estudantes, são claramente percebidas pelos estudantes entrevistados, sobretudo por aqueles que de alguma maneira permaneceram na universidade depois da graduação.

Os entrevistados igualmente reconhecem as transformações ocorridas na própria universidade e em seu *campus*, no qual se pode observar hoje em dia um contingente bem diversificado de pessoas do ponto de vista racial:

> É interessante falar do percurso que a PUC-Rio fez nesses sete anos em que estou aqui. Quando eu entrei no curso de Serviço Social, ele era um curso para os alunos negros, basicamente os alunos do pré. Então, era tudo meio estranho, quase um gueto. De certa forma, com raríssimas exceções, havia preconceito com pessoas que acabavam transitando mais pelo espaço da universidade, que faziam outras disciplinas e não ficavam tão presas ao que o departamento indicava. Eram raros esses movimentos. Hoje existe um perfil completamente diferente dos alunos [...] não tem como você vir à PUC-Rio e passar 20 minutos sem ver vários alunos negros. Então, você tem uma cara diferente, que até contrasta com a universidade pública, já que tem um diferencial interessante [...] E, além disso, hoje esses alunos não estão mais presos. [...] Hoje, acho que os alunos transitam mais, todo mundo conhece todo

mundo, "puxa" disciplina aqui e ali, e isso está integrando as pessoas. (Entrevistada 10. Formada em Serviço Social em 2000. Rio de Janeiro, 4/5/2006)

A experiência de ter passado por processos ao mesmo tempo felizes e dolorosos se configura agora em um campo fértil a ser investigado. As experiências sobre as quais estamos refletindo foram – e são – de diversas ordens: o "estranhamento" na descoberta de um mundo diferente e distante da realidade em que vivemos até então; a falta de aceitação e a degradação da autoestima; a vergonha de esconder nossa verdadeira procedência; a dor da discriminação; a tristeza da fome e de ter de "baixar a cabeça" em muitos momentos. Mas há também outras experiências a ser compreendidas: o privilégio de crescer individualmente; o direito de construir e afirmar a identidade racial, tendo a liberdade de se posicionar contra, a favor ou até de se isentar dessa discussão, dentro e fora da universidade; a prerrogativa de aprimorar a autoestima; a oportunidade de superar entraves e problemas; a participação ativa na luta e nos "sucessos"; a felicidade de se graduar com mérito acadêmico e o "sucesso" de ingressar no mercado de trabalho de uma nova maneira.

Em função disso, julguei pertinente pesquisar as histórias de vida daqueles estudantes depois de graduação para conhecer suas alegrias e tristezas, suas vitórias e derrotas, seus projetos e realizações. Assim, esses relatos são importantes não só porque dizem respeito ao processo de transformação das relações raciais no âmbito do ensino superior brasileiro, mas também por revelarem certa revolução silenciosa (Souza e Silva, 2003) que vem ocorrendo no contexto sociocultural brasileiro a partir da educação superior. As transformações operadas no acesso às universidades brasileiras representam um novo caminho para segmentos sociais histórica e sistematicamente sub-representados nas instituições de ensino superior, e os exemplos de trajetórias bem-sucedidas fazem diferença, possibilitando a transformação da realidade de pobreza cultural e econômica na vida individual, familiar e das comunidades pobres do estado e da cidade do Rio de Janeiro.

É dessa revolução que quero extrair conhecimento a fim de reconhecer caminhos para uma verdadeira integração social dos indivíduos da população negra na realidade brasileira. Desejo pensar tal integração como expressão ampla do exercício pleno da cidadania, por meio de um processo de cidadanização[1] ou, melhor ainda, de um processo contínuo de afrocidadanização.

O conceito de afrocidadanização forjado por mim representa meu sonho, minha utopia. Ele está alicerçado em três pilares fundamentais:

1. o *afro*, que dá significado e concretude à consciência do indivíduo negro acerca de sua identidade racial positiva – que, como se verá mais adiante, possibilita uma identidade afrocentrada e sua agência humana, expressando seu protagonismo, isto é, a sua capacidade de pensar, criar, agir, participar e transformar a sociedade por força própria (Nascimento, 2003, p. 96-97). Tal faceta pode ser considerada tanto no âmbito individual, externada por trajetórias exemplares, como as dos indivíduos entrevistados aqui, quanto no âmbito coletivo, externado pelas ações provenientes dos pré-vestibulares comunitários e populares em rede.

2. o da *ação*, que representa um processo de luta e de conquista galgada na participação nos movimentos sociais que aponta um *devir*, um *futuro*, como garantia e concretude do seu terceiro pilar;

3. o da cidadania, que representa a conquista de todos os direitos significativos para os indivíduos em uma sociedade democrática e justa.

---

1. O termo "cidadanização" vem sendo utilizado para expressar os processos de participação política comunitária recente, tendo sido forjado pelas próprias comunidades pobres da cidade do Rio de Janeiro, para as quais os novos processos de politização com base na participação comunitária tornaram-se centrais.

Ou seja, a afrocidadanização é concebida aqui como o processo pelo qual os indivíduos negros, historicamente subalternizados em nossa sociedade, conquistem efetivamente a cidadania plena.

A afrocidadanização também representa e abarca diversos sentidos, entre eles: o reconhecimento da identidade racial como positiva e do protagonismo da população negra como fundadora e criadora da sociedade brasileira; o direito à igualdade e à liberdade de seus direitos e deveres; o direito à diferença; o direito de disputar os benefícios sociais em igualdade de oportunidades e de condições. Assim, a afrocidadanização seria a base e a concretude de um processo de construção da verdadeira "democracia racial", uma equidade social na qual todos os negros sejam plenamente estabelecidos na sociedade brasileira.

Como veremos no decorrer desta obra, a efetivação desse sonho é um processo que tem relação com outras lutas básicas: a conquista de capital cultural, com a ampliação das oportunidades educacionais, e a mudança de *habitus* cultural da sociedade brasileira, que considera os negros inferiores e subalternos. Portanto, a afroconsciência de pertencer à população negra, aliada à ação social, representa a garantia da "cidadania plena". Por esse princípio, este trabalho procura dar sentido e concretude a essa utopia, partindo de elementos empíricos que apontam a sua possibilidade de realização.

Assim, é importante saber se a passagem pela universidade e a chancela de uma grande instituição acadêmica brasileira têm impacto positivo na situação material e existencial da população negra, constituindo uma arma poderosa para romper a barreira do "racismo" no mercado de trabalho e servindo como instrumento para ampliar a igualdade de oportunidades e para garantir posições desejáveis a esse segmento.

Dois processos centrais

A novidade de uma presença coletiva, ainda que numericamente residual, da população negra nas instituições de ensino superior no Brasil é diretamente responsável pela novidade temática desta obra: negros titulados e capacitados e suas inserções na esfera do trabalho. Não podemos contar nem mesmo uma década completa de ações afirmativas em relação à população negra na universidade brasileira. Isso equivale a dizer que todas as considerações que se possam fazer sobre essa temática devem manter muito presentes o seu caráter de processo histórico, ou de processo social, cultural, de políticas públicas, de movimentos sociais etc. Nesse contexto, dois processos são centrais para essa reflexão: a construção de identidades raciais no Brasil, com ênfase na população negra, e a cidadanização. Juntos eles nos permitem refletir sobre a construção da afrocidadanização.

Para tratar do primeiro deles, ou seja, a construção de identidades raciais, meu ponto de partida está nos conceitos de identidade e de agência humana, com especial referência às acepções de Ricardo Franklin Ferreira (2000) e Elisa Larkin Nascimento (2003). A construção de identidades raciais na população negra, para efeito desta obra, visa permitir uma análise das posições ocupadas, da mobilidade e, principalmente, das percepções sobre racismo e discriminação dos indivíduos entrevistados na esfera do trabalho.

Ainda a esse respeito, remonto aos conceitos de raça e a seu corolário racismo como importantes não só para referendar a construção da identidade racial, mas para entender toda a conjuntura das relações raciais no contexto sociocultural brasileiro. Adotarei as discussões privilegiadas nos trabalhos de Kabengele Munanga (2004a, 2004b), Aníbal Quijano (2000, 2001, 2002) e Elisa Larkin Nascimento (2003).

Finalmente, para pensar os processos de construção de identidade, utilizo o conceito de reconhecimento, a fim de discutir a construção da subjetividade e da autoestima como meios de combater os estereótipos ligados à imagem social dos negros – sobre a qual incidem boa parte das motivações para a discriminação racial na esfera do trabalho.

Para tratar de reconhecimento, utilizo especialmente os trabalhos de Charles Taylor (1993) e Axel Honneth (1996).

No tratamento do segundo processo, o da cidadanização, procuro compreender as relações sociais mais amplas, configuradas em relações de poder e distinção. Para tal, utilizo os conceitos de capital social, capital cultural e *habitus*, presentes em especial no trabalho de Pierre Bourdieu (1994) e de Bourdieu e Passeron (1992). Faço isso principalmente porque estes me ajudam a pensar o efeito transformador que a passagem pela universidade desencadeia.

Ainda a esse respeito, é relevante para este livro o conceito de cidadania, entendido aqui como estratégia de luta na sociedade civil, tomada como o espaço no qual as lutas são travadas e os movimentos sociais assumem o processo decisório de responsabilidade social. Os principais autores que iluminam tal reflexão são Thomas Humprey Marshall (1967) e Dagnino, Alvarez e Escobar (2000).

Finalmente, por razões óbvias, discuto o conceito de ação afirmativa em suas duas dimensões: a de política pública e a de ação social. Para tanto, recorro a diversos autores reconhecidos sobre o assunto, que consideram o processo de afrocidadanização uma realidade a ser construída com base em uma verdadeira democracia racial na sociedade brasileira.

Sete capítulos e um conjunto de "sucessos"

Esta obra estrutura-se em sete capítulos que, reunidos, buscam descrever e sistematizar minha percepção da minha trajetória profissional à luz das experiências de vida de 14 outros indivíduos, beneficiários do programa de ações afirmativas da PUC-Rio que, como eu, foram "bem-sucedidos".

Quem são os "bem-sucedidos"? Há várias respostas possíveis.

"Bem-sucedidos" somos todos os quase 400 estudantes que conformam o universo de análise deste livro e que passamos no vestibular da PUC-Rio antes de 1999, deixando para trás uma massa de outros candidatos que, por muitas razões, não o fizeram. "Bem-sucedidos" somos todos aqueles que mantivemos coeficientes de rendimento acima da média nos departamentos em que estudamos, dentre os quais selecionei um grupo de indivíduos para entrevistar, como evidência de mérito pessoal e de uma formação com qualidade acadêmica. "Bem-sucedidos" somos todos os que nos graduamos e investimos na vida profissional e acadêmica de qualidade logo após nossa formatura.

"Bem-sucedidos" somos todos ao entrar na esfera do trabalho? Em outras palavras: e depois do "sucesso"?

Escrevi este livro para tentar responder a essa última questão. Ele procura entender a possibilidade de transformar as condições materiais de existência dos negros brasileiros por meio da ampliação das oportunidades de acesso às instituições de ensino superior em nosso país.

Minha primeira preocupação, em "E depois do sucesso?", é a de deixar clara a natureza da minha motivação para empreender este estudo, definir meu objeto de observação e reflexão e apresentar as principais hipóteses que me orientam, bem como enunciar as categorias teóricas que utilizo para desenvolver a interpretação dos temas que aparecem nas falas dos entrevistados.

Nos dois capítulos que se seguem, "Da construção à afirmação das identidades raciais" e "Da 'cidadania' à 'afrocidadanização'", procuro percorrer a literatura que sustenta os conceitos-chave presentes aqui, já enunciados anteriormente. No primeiro, a ênfase está colocada na construção das identidades raciais da população negra. No segundo, busquei entender de que se constitui a cidadania como teoricamente vem sendo pensada. Ainda nesse capítulo, resumo as histórias do convênio estabelecido entre a PUC-Rio e o PVNC e do próprio PVNC, com o objetivo de trazer a discussão mais teórica sobre cidadania para a concretude de uma das mais atuais instâncias de organização dos movimentos sociais negros do Brasil e de sua interlocução com outras instituições. Como almejo pensar no processo de afrocidadanização, destaco a disciplina "Cultura e cidadania" do PVNC como espaço privilegiado de discussão e ação na construção de identidades raciais e de outras formas de pertença.

O capítulo intitulado "Os 'bem-sucedidos': bolsistas formados da PUC-Rio" tem por objetivo esclarecer meus critérios de seleção dos indivíduos entrevistados como amostra da população estudada. Os critérios que adotei para a seleção de uma amostra *não aleatória do ponto de vista acadêmico*, mas *aleatória do ponto de vista racial*, buscaram responder diretamente ao argumento da falta de qualidade acadêmica e/ou profissional *a priori*, que sistematicamente é associado aos beneficiários das ações afirmativas – sejam elas a bolsa de ação social da PUC-Rio, o sistema de cotas das universidades públicas ou o Programa Universidade para Todos (ProUni).

No capítulo intitulado "O que faz que sejamos melhores hoje?", meu objetivo é o de conhecer e interpretar as percepções dos entrevistados sobre sua trajetória individual após a formatura na PUC-Rio, não apenas no que se refere ao seu ingresso no mercado de trabalho como também no que diz respeito ao impacto social que sua passagem pela universidade teve para eles mesmos, para as suas famílias e comunidades de origem. Além disso, busco conhecer a identidade racial dos entrevistados com base no critério de autoidentificação, por ser esta muitas vezes mais subjetiva que objetiva.

No capítulo seguinte, intitulado "Você ajuda as pessoas a começar a sonhar", abordo a trajetória profissional dos indivíduos entrevistados após a sua formatura na graduação, com base em suas percepções de "sucesso" ou "fracasso". Os principais aspectos destacados são os ligados à esfera do trabalho, com ênfase na posição ocupada na hierarquia ocupacional, na mobilidade de posição e na percepção sobre racismo na esfera do trabalho. Além disso, ocupo-me em avaliar qualitativamente as transformações em sua vida material após a graduação na PUC-Rio. Por fim, analiso o impacto que a formação acadêmica teve sobre as comunidades de origem dos entrevistados, destacando suas contribuições e seus projetos para transformar a realidade da sua comunidade.

Finalmente, no capítulo "Depois do 'sucesso': algumas conclusões", traço uma síntese do que foi encontrado, dando ênfase às perspectivas futuras, para os indivíduos da população negra, que o "sucesso" das trajetórias aponta. Os pontos que saliento estão relacionados com as novas inserções sociais, funcionais e até mesmo raciais. Nesse contexto, busco contribuir com uma visão de processo sociopolítico que aponte para uma afrocidadanização, realidade a ser construída com base em uma verdadeira "democracia racial" na sociedade brasileira.

Capítulo 2

Da construção à afirmação das identidades raciais

> Ao recuperar nossas próprias plataformas, ocupar nossos próprios espaços culturais e acreditar que nossa forma de contemplar o universo é tão válida quanto qualquer outra, nós poderemos atingir a qualidade de transformação de que precisamos para participar plenamente numa sociedade multicultural. Entretanto, sem esse equilíbrio centrado, não trazemos nada à mesa multicultural, a não ser uma versão mais escura da brancura.
>
> Asante *apud* Nascimento, 2003, p. 99.

Certo dia, em conversa com o senador Abdias Nascimento sobre como eu imaginava desenvolver este trabalho, ele ponderou que os estudos que buscam tratar da questão racial deveriam, invariavelmente, principiar com uma discussão sobre o tema da identidade, por ser essa a questão da qual derivam todas as demais. Por considerar sábia e refletida a sugestão de um dos maiores líderes dos movimentos sociais negros brasileiros de todos os tempos, começo este meu esforço de construção de um arsenal teórico discutindo identidade, raça e racismo.

Enfatizo a questão da identidade, especialmente a construção e a afirmação da identidade racial, como importante instrumento conceitual porque com base nela será possível analisar como os indivíduos entrevistados perceberam – e percebem – o impacto que sua formação universitária teve nas suas relações sociais, em função de serem negros e portadores de diploma do ensino superior, principalmente no que diz respeito ao "racismo" e à discriminação no trabalho. Além disso, essa questão é significativa para compreender o processo de concretização do primeiro pilar da afrocidadanização.

Em função disso, passo a apresentar minhas leituras e interpretações de algumas referências teóricas fundamentais que utilizarei como base de reflexão para a análise das entrevistas que realizei com os 14 indivíduos que generosamente concordaram em participar deste trabalho. Tal base teórica não apenas serve para esta reflexão como apoia minha capacidade de "identificar" quem são os profissionais, no conjunto dos entrevistados, verdadeiramente "negros" – aqui entendidos como uma construção social, cultural e política.

Construção de identidades raciais

No Brasil, é vasta a literatura sobre as relações raciais que aponta para as históricas dificuldades enfrentadas pelos negros na construção de sua identidade racial. Uma revisão exaustiva dessa literatura, ainda que interessante, fugiria aos interesses centrais desta obra. As razões para essas dificuldades são, naturalmente, de muitas ordens, mas aquela que me parece mais contundente tem que ver com o *habitus* cultural de nossa sociedade, fortemente marcado pelo ideal de branqueamento e pelo mito da "democracia racial" historicamente construído. Este último é entendido como uma construção ideológica que aponta para a existência de uma relação concreta na dinâmica da nossa sociedade, na qual "pretos e brancos convivem harmoniosamente, desfrutando iguais oportunidades de existência, sem nenhuma interferência, nesse jogo de paridade social, das respectivas origens raciais ou étnicas" (Nascimento, 2002, p. 79-80). A propósito dos conteúdos dessa suposta "democracia racial", Abdias Nascimento (2002, p. 86) é enfático:

> Uma "democracia" cuja artificialidade se expõe para quem quiser ver; só um dos elementos que a constituíram detém todo o poder em todos os

níveis político-econômicos: o branco. Os brancos controlam os meios de disseminar as informações; o aparelho educacional; eles formulam os conceitos, as armas e os valores do país. Não está patente que neste exclusivismo se radica o domínio quase absoluto desfrutado por algo tão falso quanto essa espécie de "democracia racial".

Refletindo também sobre a "democracia racial", agora com ênfase no ideal de "branqueamento" presente na sociedade brasileira, Neusa Santos Souza (1983) revela o terrível dilema que constitui construir uma identidade racial baseada nos atributos positivos da população negra brasileira. Ela analisou a história de vida de dez negros que compartilhavam o fato de viver um processo de ascensão social, à semelhança do que ocorre com os indivíduos estudados neste trabalho. Analisando as dificuldades vividas por seus entrevistados, a autora aponta para o fato de que vivemos em uma "sociedade multirracial, racista e de hegemonia branca que, paradoxalmente, veicula a ideologia de democracia racial, em contradição com a existência de práticas discriminatórias racistas" (Souza, 1983, p. 70).

Souza (1983, p. 18) afirma que essa dificuldade é principalmente atribuída ao preço que a população negra paga pelo "massacre mais ou menos dramático da sua identidade racial". Para a autora, esse "massacre" nasce do desejo dos negros de ascender socialmente. Assim eles identificam-se com a escravidão e afastam-se de seus valores originais – especialmente de sua herança religiosa – e lançam mão de uma identidade calcada em símbolos brancos na tentativa de ultrapassar os obstáculos advindos do fato de ter nascido negros. Em função disso:

> Essa identidade [pseudobranca] é contraditória; ao tempo que serve de aval para o ingresso nos lugares de prestígio e poder, o coloca em conflito com sua historicidade, dado que se vê obrigado a negar o passado e o presente: o passado, no que concerne à tradição e cultura negras, e

o presente, no que tange à experiência da discriminação racial. (Souza, 1983, p. 73)

A superação dessa dificuldade demanda alguns processos pelos quais o indivíduo precisaria passar para se sentir plenamente estabelecido em uma sociedade que, como argumenta Souza, tem negado aos negros o reconhecimento da sua identidade racial como fator fundamental para sua "integração".

Compreendo a construção da identidade racial como um processo social, cultural e político, implicada em relações de poder que provêm de uma dinâmica de identificações construídas sobre um vasto conjunto de significações e de práticas discursivas. Estas últimas derivam do lugar que o indivíduo se atribui no mundo, implicando sentimentos de pertença e de autoestima pelos quais o indivíduo vai se construindo a partir de suas referências culturais e de suas representações, complementando-se em suas relações com os outros nas ligações inter-relacionais estabelecidas em sociedade. Assim, como sustenta Tadeu Thomaz da Silva (2004), pode-se dizer que:

> A identidade é uma construção, um efeito, um processo de produção, uma relação, um ato performativo. A identidade é instável, contraditória, fragmentada, inconsistente, inacabada. A identidade está ligada a estruturas discursivas e narrativas. A identidade está ligada a sistemas de representação. A identidade tem conexões com relações de poder. (Silva, 2004, p. 96-97)

Para Stuart Hall (2004), a identidade corresponde a um processo de identificações constituído por dois aspectos fundamentais: de um lado, é construída na linguagem do senso comum com base no reconhecimento de uma origem comum, em características partilhadas com outros grupos ou pessoas ou ainda em um mesmo ideal.

De outro, é vista pela abordagem discursiva como uma construção, como um processo nunca complementado, como algo sempre "em processo". Dessa maneira, para o autor:

> A identificação é, pois, um processo de articulação, uma suturação, uma sobredeterminação, e não uma subsunção. Há sempre "demasiado" ou "muito pouco" – uma sobredeterminação ou uma falta, mas nunca um ajuste completo, uma totalidade. Como todas as práticas de significação, ela está sujeita ao "jogo da *différance*". Ela obedece à lógica do mais--que-um. E uma vez que, como num processo, a identificação opera por meio da *différance*, ela envolve um trabalho discursivo, o fechamento e a marcação de fronteiras simbólicas, a produção de "efeitos de fronteiras". Para consolidar o processo, ela requer aquilo que é deixado de fora – o exterior que a constitui. (Hall, 2004, p. 106)

O processo de construção da identidade pode ser entendido também como uma "metamorfose" que "representa a pessoa e a engendra", e não simplesmente como uma representação da pessoa; a formulação de um centro estático da dinâmica entre o meio social, a cultura e a subjetividade individual (Ciampa *apud* Nascimento, 2003, p. 35).

Ainda sobre esse processo de construção, Elisa Larkin Nascimento (2003), baseando-se no pensamento de Erik H. Erikson (1963), fala de uma dinâmica de "identificações" na construção da identidade, já que esse autor aproxima a psicanálise do meio social e trabalha a ideia de "identificação", afirmando que a construção da identidade nunca é estabelecida de forma estática ou imutável, pois suas raízes estão plantadas no tecido social em transformação. Por esse aspecto, o desenvolvimento pessoal não se separa da transformação comunitária, assim como a crise de identidade na vida individual e as crises contemporâneas no desenvolvimento histórico se definem e se influenciam mutuamente.

Para Ricardo Franklin Ferreira (2000), a identidade é vista como uma categoria, além de pessoal, fundamentalmente social e política, uma referência em torno da qual o indivíduo se reconhece e se constitui, estando em constante transformação e sendo construída a partir de sua relação com o outro. Portanto, para o autor, a construção da identidade não é uma simples representação do indivíduo, mas "uma dialética sem síntese", sempre submetida à dinâmica do processo de viver (Ferreira, 2000, p. 47).

Nesse processo de construção da identidade fundamentada em uma dinâmica de identificações pela qual o indivíduo se referencia e constrói a si e a seu mundo, o autor afirma que a identidade se desenvolve com um "sentido de autoria". Dessa maneira:

> Identidade tem relação com *individualidade* – referência em torno da qual o indivíduo se constrói; com *concretude* – não uma abstração ou mera representação do indivíduo, articulando-se com a vida concreta, vivida por um personagem concreto, alicerce de uma sociedade igualmente concreta e constituída ao longo do tempo; com *socialidade* – só pode existir em contexto social; com *historicidade* – vista como configuração localizada historicamente, inserida dentro de um projeto e que permite ao indivíduo alcançar um sentido de autoria na sua forma particular de existir. (Ferreira, 2000, p. 48)

Com base nesse "sentido de autoria", o autor sugere que o desenvolvimento da identidade afrodescendente brasileira se dá em quatro estágios fundamentais: submissão, impacto, militância e articulação (Ferreira, 2000, p. 69-84).

No estágio de "submissão", o referencial pelo qual o afrodescendente constrói sua identidade são as crenças e os valores da cultura branca, vista como superior. O indivíduo se submete à ideologia da visão dominante do mundo, concebendo sua inferioridade racial, desvalorizando e fugindo de sua identificação com o mundo negro. Ainda nesse estágio, os problemas etnorraciais são explicados pelo prisma da "culpabilidade da vítima", cujas condições sociais e econômicas são encaradas como fruto da inépcia e da falta de capacidade pessoal dos negros. Em síntese:

> As pessoas brancas acreditam ser seu *status* vantajoso devido à qualidade de seu esforço pessoal e as pessoas afrodescendentes, deste estágio, encaram suas dificuldades justificadas pelo fato de não realizarem o esforço equivalente ao esperado delas. Dessa forma, estas pessoas deixam de incluir, na construção de sua identidade, matrizes culturais africanas que, historicamente, são referências participantes da cultura de todo brasileiro. (Ferreira, 2000, p. 73)

No estágio de "impacto", a identidade referenciada pelos valores brancos, modelada e sedimentada no processo de socialização – que deixa a pessoa centrada e articulada nas situações da vida –, começa a desestabilizar por intermédio de experiências nas quais se torna impossível negar a não aceitação por parte do mundo branco, sugerindo transformação ou ressocialização. Utilizando Helms (1993), o autor aponta três fases nessa transformação:

1. a primeira é caracterizada pelo impacto que ocorre com a tomada de consciência da discriminação, da não funcionalidade da visão do branco como referência para a construção da estrutura pessoal e da necessidade de desenvolver uma "nova identidade" racial;
2. a segunda fase caracteriza-se pela luta para o desenvolvimento dessa nova identidade, pelo abandono da identidade que vinha sendo construída no estágio anterior – de submissão – e pelo reconhecimento da importância das qualidades etnorraciais;
3. na terceira fase, a pessoa passa a agir como se existisse uma "identidade negra" já definida externamente que deve ser encontrada.

Enfim, o estágio de "impacto" é uma fase intermediária que determina a morte da fase de "submissão"; o afrodescendente, ou a pessoa afrocentrada, começa a emergir. O reconhecimento de uma identidade racial referenciada em valores africanos a ser desenvolvida sinaliza a entrada da pessoa no estágio da "militância" (Ferreira, 2000, p. 77-78).

A fase da "militância" é caracterizada pelo processo de intensa mudança na subjetividade do negro, no qual vão sendo demolidas velhas perspectivas e, ao mesmo tempo, surge uma nova estrutura pessoal, referenciada em valores etnorraciais de matriz africana. Até aqui o negro estava submetido a uma "visão do negro" determinada pela cultura branca. Portanto, sua maneira de agir era estereotipada e derivava de uma referência "de grupo" definida externamente, levando-a a pensar, sentir e comportar-se de acordo com padrões idealizados por outros. Assim, o estágio da "militância" é importante para o desenvolvimento da identidade, uma vez que a participação do militante permite recuperar valores da cultura e da história do negro para, mediante um processo de socialização, levá-lo a desenvolver uma identidade e uma autoestima mais positivas (Ferreira, 2000, p. 79-83).

Por fim, todos os estágios definidos pelo autor levam o indivíduo a desenvolver uma perspectiva afrocentrada não estereotipada, com atitudes voltadas para a valorização das qualidades referentes à negritude, mais expansivas, mais abertas e menos defensivas.

No último estágio, definido por Ferreira como de "articulação", surge um novo processo de identificação, em que as matrizes africanas são salientadas. A população negra torna-se a principal referência do indivíduo, sendo seu vínculo com esse grupo determinado por qualidades do próprio grupo e não mais exclusivamente por fatores externos a ele. Ferreira destaca que essa nova identidade é construída sobre três dinâmicas: defender e proteger a pessoa de agressões psicológicas; prover um sentido de pertença e um ancoradouro social; prover uma fundação, ou ponto de partida, para as transações com pessoas de culturas diferentes daquelas referenciadas em matrizes africanas (Cross *apud* Ferreira, 2000, p. 83-84).

Essa "nova" identidade, com a qualidade africana como uma de suas importantes dimensões, passa a ter uma função protetora. O indivíduo tem consciência de que o "racismo" ainda faz parte da experiência brasileira e de, provavelmente, ainda ser alvo de atitudes racistas, porém, a partir deste estágio, já desenvolveu recursos de defesa, um sistema de censura e uma orientação de eficácia pessoal que o predispõe a atribuir a culpa de circunstâncias adversas a outros fatores e não mais a si próprio. Desenvolve-se, assim, a consciência da importância das matrizes africanas na construção de sua identidade. O afrodescendente passa a sentir-se aceito, com propósito de vida, a estar profundamente enraizado na cultura negra, sem deixar de perceber as condições às quais está submetido em um mundo que o vê com preconceito. As matrizes africanas passam a ser efetivamente afirmadas. (Ferreira, 2000, p. 84)

De acordo com Nascimento (2003, p. 96-97), a ideia de construção de uma identidade afrocentrada deriva da "teoria do centro", que postula a necessidade de explicar a localização do sujeito. Tal localização não se refere a um lugar geográfico específico, mas a uma condição e ao reconhecimento de pertencer a determinado grupo social, o que possibilita desenvolver uma postura própria a cada grupo social e fundamental na sua experiência histórica e cultural. A partir dessa localização teórica, o grupo se define como sujeito de sua identidade, em vez de ser definido pelo outro com base em postulados pretensamente universais, mas elaborados sobre um posicionamento específico, alheio e dominante. Nessa abordagem, o conceito de "lugar" é fundamental porque dispensa o enfoque sobre a condição racial do sujeito, ou seja, "quem se localiza no 'lugar' da abordagem afrocentrada não precisa ser afrodescendente, assim com nem todo afrodescendente se posiciona nesse 'lugar'".

Ainda para a autora, a construção da identidade afrocentrada possibilita o conceito de "agência", que denota protagonismo: o exercício da capacidade de pensar, criar, agir, participar e transformar a sociedade por força própria. A construção da identidade afrocentrada origina tal "agência" porque "o âmago do 'racismo' está numa sociedade hierárquica que se recusa a reconhecer a agência africana" (Asante *apud* Nascimento, 2003, p. 98).

Por fim, no debate sobre a construção de identidade como uma das mais relevantes formas de expressão dos movimentos sociais contemporâneos, cabe recorrer a Manuel Castells (1999). Ao assumir que toda identidade é uma construção e que toda construção de identidade implica relações de poder, esse autor propõe três formas de construção de identidade:

1. "Identidade legitimadora": introduzida pelas instituições dominantes da sociedade a fim de expandir e racionalizar sua dominação dos atores sociais. É esse tipo específico de identidade que tem legitimado e esvaziado o sentido de direito à autoidentificação racial da população negra, calcado no mito da "democracia racial";
2. "Identidade de resistência": criada por atores que se encontram em condições desvalorizadas e/ou estigmatizadas pela lógica da dominação, construindo assim trincheiras de resistência e sobrevivência com base em princípios diferentes dos que permeiam as instituições da sociedade;
3. "Identidade de projeto": construída quando os agentes sociais tratam de redefinir sua posição na sociedade com base em seus legados culturais. Segundo o autor, para que esse tipo de identidade se concretize é necessário que tais agentes sejam mobilizadores de símbolos, ou seja, para obter sucesso eles devem se manifestar pelos meios da principal corrente

cultural para subvertê-la em benefício de valores subjugados. (Castells, 1999, p. 425-427)

Em minha concepção, é a "identidade de projeto" que fundamenta movimentos sociais negros como o PVNC, entre outros, muito embora possa haver divergências internas entre os indivíduos que compõem tais movimentos. Aqui falo da essência inerente ao surgimento do grupo, como veremos adiante, uma vez que são esses movimentos que aglutinam grupos ambivalentes – no caso, "raça" e pobreza – procurando, por meio de sua prática, produzir um tipo de ação social transformadora tanto econômica quanto culturalmente (Fraser, 2000). De fato, para Castells, esse tipo de identidade deriva da associação de diversos atores sociais que, com base em legados culturais, procuram redefinir sua posição social, construindo uma nova identidade cujo horizonte é o de transformar a própria sociedade.

Enfim, compreendida como uma dinâmica de identificações fundamentadas no "sentido de autoria" e de "agência", a "identidade racial" é uma categoria central para se compreender como o indivíduo negro se constitui, constrói sua autoestima e se posiciona no mundo, que serve de referencial para as suas ações e atitudes. Assim, pensar a "identidade racial" é propor a construção e a afirmação de um novo "sentido de pertencimento" (Fonseca, 2005, p. 124). Tal "pertencimento" decorre de uma formação social, cultural e política, ligada à história de vida dos negros, pela qual os indivíduos se transformam em seres "afroconscientes" e, em consequência, contribuem para uma afrocidadanização na sociedade.

"Raça" e "racismo" como estruturas de distinção e poder

Para compreender a dificuldade de construção da identidade racial, bem como para entender os problemas enfrentados pelos negros em suas relações sociais, precisamos analisar como se configura no Brasil a questão da raça e do racismo. Ao abordar esses conceitos, viso apontar como determinados instrumentos ideológicos, classificatórios e sutis – apesar de todas as mudanças ocorridas nas relações políticas, sociais, econômicas e culturais nas últimas décadas – operam e insistem em se manter como instrumentos de distinção e de subalternização, configurando-se naquilo que Fernand Braudel (1992) chama de estruturas históricas de "longa duração", isto é, estruturas que refletem "velhos hábitos de pensar e agir, quadros resistentes, duros de morrer, por vezes, contra toda lógica" (Braudel, 1992, p. 51).

Na perspectiva analítica empreendida por Braudel, os ritmos da duração permitem identificar a velocidade em que as mudanças ocorrem e como nos acontecimentos estão inseridas várias temporalidades: na curta duração, a dos acontecimentos breves, com data e lugar determinados; na média duração, no decorrer da qual se dão as conjunturas, tendências políticas e/ou econômicas que, por sua vez, se inserem em processos de "longa duração", de permanências que convivem com mudanças que parecem imperceptíveis. Um exemplo significativo dos ritmos da duração é a abolição da escravatura, ocorrida em 1888 – acontecimento breve, datado e localizado no espaço.

Não obstante, para compreendermos esse acontecimento e a forma como ocorreu é necessário que o situemos no processo estrutural, em temporalidades mais longas: no processo de mudanças do sistema capitalista e na longa duração do racismo. Com efeito, tal processo explica não só a permanência de preconceitos e discriminações em relação à população negra como a origem da própria escravidão, baseada em conceitos de raças superiores e inferiores, criados por sociedades que se propunham a desqualificar e explorar outros grupos humanos. Contudo, a escravidão não cria o racismo, mas o tem como pressuposto.

Por esse aspecto, podemos estabelecer relações entre as durações, a constituição da memória e da identidade sociais, em especial na conjuntura de "longa duração", para reavaliar os valores do mundo de hoje, a distinção de diferentes ritmos de transformações históricas, o redimensionamento do presente na continuidade com os processos que o formaram e a construção de identidades com as gerações passadas. Mas tratar a questão da raça e de seu produto, o racismo, como uma estrutura histórica de "longa duração" não significa afirmar que ela não tenha experimentado mudanças ao longo do tempo. Ao contrário, ela envolve uma dialética entre permanência e mudança, por isso é mais difícil de detectar. Como afirma o autor,

> é histórico o que muda, também é histórico o que não muda [...] o importante é que a mudança deve compor necessariamente uma não mudança. Como a água de um rio condenado a correr entre duas margens, muitas vezes mesmo entre ilhas, bancos de areia, obstáculos [...]. A mudança é como que pega de antemão numa cilada e, se consegue suprimir um pedaço considerável do passado, é preciso que esse pedaço já não tenha uma resistência excessiva, que já se tenha desgastado por si mesmo. Na verdade, a mudança adere à não mudança, segue as fraquezas desta, utiliza suas linhas de menor resistência. Sempre há compromisso, coexistência, ajustes e, não menos, querelas, conflitos. *Nessa divisão constante entre o pró e o contra, há, de um lado, o que se move, do outro, o que se obstina a ficar no mesmo lugar.* [grifos meus] (Braudel, 1992, p. 357)

A sobrevivência do racismo em sociedades democráticas contemporâneas decorre da construção de uma memória coletiva utilizada como fonte de preservação do poder, significando um conjunto de valores, crenças e práticas transmitidas ao longo do tempo. Contudo, deve-se ressaltar que esse tipo de memória não se diferencia de forma alguma da memória individual, posto que são os indivíduos que interagem entre si e partilham significados coletivos comuns, que se lembram do passado.

Essa dicotomia, apenas para situarmos brevemente a discussão, aparece nos escritos de Frederic Charles Bartlett (1932-1961) e Maurice Halbwachs (1925-1950).

Para Halbwachs (*apud* Santos, 2000, p. 93), o comportamento, o pensamento e a memória dos indivíduos deviam ser compreendidos como resultado da socialização e não de processos individuais e subjetivos. Assim, as memórias sobre o passado, por mais que pareçam individuais, baseiam-se em estruturas sociais que antecedem os indivíduos.

Por sua vez, as análises de Bartlett referem-se à construção social da memória por indivíduos em interação social e apontam para as diferentes possibilidades de reconstrução social do passado pelo presente. Segundo o autor, a memória é uma função que ocorre no interior de um grupo social e está intimamente ligada à percepção, à imaginação e ao pensamento construtivo. Ou seja, para compreender a memória não se deve partir do indivíduo singular, mas dos indivíduos em interação. Assim, a memória faz parte do conhecimento e reconhecimento do mundo, sendo um processo ativo de reorganização do passado definido pela busca de sentido, de identidade (Santos, 2000, p. 98-99).

Compreender os aspectos que se recusam a mudar permite-nos compreender também porque o racismo se mantém no presente e se revela através de uma estrutura mental potencializada pela memória da diferença racial, ou seja, como a "marca" sobrevive e se reforça pela lembrança de sua "origem". De fato, como veremos mais adiante, mesmo com a tentativa de definir diferenças raciais em outros termos – cor e etnia, por exemplo –, a ideia básica fundada na diferença racial, que estabelece hierarquias entre os povos, permanece e se reforça com base em sua negatividade e em seu silenciamento.

A discussão acerca do racismo demanda uma breve fundamentação do conceito de raça, posto que este iluminará a discussão subsequente e colocará em termos mais amplos a maneira como se configurou no passado e se configura em nossa sociedade hoje. Dessa forma, apresento algumas das diversas definições de raça e racismo, presentes na literatura sobre o assunto, para identificar os aspectos que se mostrem úteis como instrumental teórico. Não é minha intenção efetuar uma história ampla desses conceitos, mas apenas identificar alguns aspectos pertinentes a eles.

Do meu ponto de vista, a perspectiva pela qual o conceito de raça deve ser entendido é aquela que o aponta como um constructo social, que carrega em si uma dimensão que é também biológica – não no sentido de que seja uma realidade que explique a diversidade humana e a divida em raças estanques (Munanga, 2004a, p. 22), mas no sentido de que produz a legitimidade dos efeitos da classificação racial universal como elemento de dominação, hierarquia e subalternidade entre as diferentes populações.

O que logo sobressai dessa perspectiva, do ponto de vista de sua utilidade como instrumental teórico para esta obra, é a questão da diferença racial informada a partir de uma perspectiva baseada nas relações de poder que se estabeleceram com o colonialismo e geraram um padrão de poder e de distinção hierárquica entre as raças – e, consequentemente, um sistema definidor de subalternidades.

****

Uma inspiradora discussão sobre a gênese dos conceitos raça e racismo está contida no artigo "Uma abordagem conceitual das noções de raça, racismo, identidade e etnia", de Kabengele Munanga (2004b). O texto apresenta analiticamente a historicidade do conceito "raça" e do seu corolário, o "racismo".

Reconstruindo a história do conceito raça, o autor descreve que, em termos etimológicos, a palavra "raça" vem do latim "*ratio*", passando pelo italiano "*razza*", e significa sorte, categoria ou espécie. Em sua longa história, o conceito "raça" foi utilizado pelas ciências naturais para classificar animais e vegetais. Posteriormente, assumiu uma dimensão temporal e espacial. No latim medieval "passou a designar descendência, linhagem, ou seja, um grupo de pessoas que têm um ancestral comum e que possuem algumas características físicas em comum" (Munanga, 2004b, p. 17).

Uma base importante para a transformação do conceito de raça, e da consequente diferenciação humana ao longo da história, foi o estabelecimento, no século XVIII, da cor da pele como critério objetivo e fundamental de diferenciação entre as raças. Assim, em uma classificação que persiste até hoje no imaginário coletivo e na terminologia científica, a espécie humana foi dividida em três raças estanques: branca, negra e amarela. Para ampliar a classificação racial em grupos estanques, acrescentaram-se ao critério da cor outros critérios morfológicos, como a forma do nariz, dos lábios, do queixo, do crânio, o ângulo facial etc. Com o progresso da genética humana, foram introduzidos critérios químicos, baseados no sangue, para consagrar definitivamente a divisão da humanidade em raças estanques. De fato, observa Munanga, o cruzamento de todos os critérios deu origem a dezenas de raças, sub-raças e subsub-raças (Munanga, 2004b, p. 20).

No entanto, observa esse autor que várias pesquisas comparativas levaram à conclusão de que os patrimônios genéticos de dois indivíduos pertencentes a uma mesma raça podem ser mais distantes que os pertencentes a raças diferentes; um marcador genético característico de uma raça pode, embora com menos incidência, ser encontrado em outra. Combinando todos esses desencontros, os estudiosos desse campo de conhecimento chegaram à conclusão de que a raça não é uma realidade biológica, mas apenas um conceito, cientificamente inoperante, para explicar a diversidade humana e dividi-la em grupos estanques. Ou seja, biológica e cientificamente as raças não existem, conclui o autor.

O conceito raça, como empregado hoje, nada tem de biológico, sendo carregado de ideologia. E, como todas as ideologias, esconde uma dimensão não reclamada: as relações de poder e a discriminação. O campo semântico do conceito de raça é determinado pela estrutura global da sociedade e pelas relações de poder que a governam. Dessa maneira, no imaginário e na representação coletiva das diversas populações contemporâneas, permanecem raças fictícias ou construídas com base em diferenças fenotípicas como a cor da pele e outros critérios morfológicos. É a partir dessas raças fictícias – ou sociais – que se reproduz e se mantém o racismo popular (Munanga, 2004b, p. 22).

Para Munanga, o racismo surge como uma crença na existência de raças naturalmente hierarquizadas pela relação intrínseca entre o físico e o moral, o físico e o intelecto, o físico e o cultural. É justamente o estabelecimento da relação intrínseca entre caracteres biológicos e qualidades morais, psicológicas, intelectuais e culturais que permite a hierarquização das raças em superiores e inferiores. Desse modo, o racismo é uma tendência que consiste em considerar as características intelectuais e morais de dado grupo humano como decorrentes das suas características físicas ou biológicas.

Por outro lado, segundo o autor, a origem do conceito racismo deriva do mito bíblico de Noé, no qual se fundamenta a primeira classificação religiosa da diversidade humana. Neste, os três filhos de Noé representam a ancestralidade das três raças, sendo, respectivamente Jafé o ancestral da raça branca, Sem o ancestral da raça amarela e Cam o ancestral da raça negra. Este último foi amaldiçoado pelo pai por tecer comentários maldosos sobre ele, flagrado em posição indecente: "Seus filhos serão os últimos a ser escravizados pelos filhos de seus irmãos" (Munanga, 2004b, p. 25). Esta passagem bíblica ofereceria mais tarde material simbólico para diversas formas de associação da raça negra com valores éticos e estéticos desqualificadores.

> E já que você me desrespeitou [...] fazendo coisas feias na negrura da noite, os filhos de Cam nascerão feios e negros! Ademais, porque você torceu a cabeça para ver minha nudez, o cabelo de seus netos será enrolado em carapinhas, e seus olhos vermelhos; outra vez, porque seus lábios ridicularizaram a minha má sorte, os deles incharão; e porque você descuidou de minha nudez, eles andarão nus, e seus membros masculinos serão vergonhosamente alongados. Os homens dessa "raça" serão chamados negros, seu ancestral Cam os mandou amar o roubo e a fornicação, se juntar em bando para odiar os seus senhores e nunca dizer a verdade. (Nascimento, 2003, p. 162)

Outra origem do racismo identificada pelo autor se assenta na classificação dita "científica" derivada da observação dos caracteres físicos (cor da pele, traços morfológicos). Segundo ele, esse é um dado importante, posto que desloca uma explicação na qual Deus e o livre-arbítrio constituíam o eixo central da divisão da espécie humana para um novo tipo, no qual a biologia se erige em determinismo racial e se torna a chave de interpretação.

Segundo Munanga, a partir dos anos 1970, outro importante deslocamento acontece na concepção de racismo: com o avanço das ciências biológicas (genética humana, bioquímica e biologia molecular), a realidade científica do conceito raça foi desacreditada. De fato, já no fim do século XX e no início do atual, o racismo não precisa mais do conceito de "raça", no sentido biológico, para decretar a existência das diferenças insuperáveis entre grupos estereotipados. Assim,

> Embora a "raça" não exista biologicamente, isto é insuficiente para fazer desaparecer as categorias mentais que a sustentam. O difícil é aniquilar as "raças" fictícias que rondam nossas representações e imaginários coletivos. Enquanto o "racismo" clássico se alimentava da noção de "raça", o "racismo" novo se alimenta da noção de etnia definida como

um grupo cultural, categoria que constitui um léxico mais aceitável que a "raça". (Munanga, 2004b, p. 27)

A propósito desse fato, o autor afirma que o racismo praticado nas sociedades contemporâneas não precisa mais do conceito de raça ou da variante biológica, reformulando-se em conceitos como etnia, diferença cultural ou identidade cultural. No entanto, as vítimas de hoje são as mesmas de ontem e as raças de ontem são as etnias de hoje. Por esse aspecto, mudaram termos e conceitos, "mas o esquema ideológico que subentende a dominação e a exclusão ficou intato" (Munanga, 2004b, p. 29).

Para Munanga, estamos entrando em uma nova fase, na qual o racismo é construído com base nas diferenças culturais e identitárias. Nela se apresenta um grande paradoxo, pois, segundo o autor, racistas e antirracistas carregam a mesma bandeira, baseada no respeito às diferenças culturais e na construção de uma política multicultural. Por fim, o autor afirma que no Brasil o mito da "democracia racial" bloqueou durante muitos anos o debate sobre as políticas de ação afirmativa; paralelamente, o mito do "sincretismo cultural" ou da "cultura mestiça" atrasou também o debate nacional sobre a implementação do multiculturalismo no sistema educacional (Munanga, 2004b, p. 28).

****

Outra grande contribuição conceitual para a questão da raça nos é dada por Aníbal Quijano (2001). Para ele, raça é uma categoria mental da modernidade que surge no contexto da constituição da América e do capitalismo colonial/moderno e eurocentrado. Esse capitalismo teria estabelecido um novo padrão de poder mundial, configurado em dois eixos fundamentais. De um lado, a "colonialidade do poder", isto é, o estabelecimento de um padrão de classificação social da população mundial submetido à ideia de raça, uma construção mental que expressa a dominação colonial. De outro, a articulação de todas as formas históricas de controle do trabalho, de seus recursos e de seus produtos em torno do capital e do mercado mundial.

Quijano ressalta que "colonialidade" não se confunde com "colonialismo", já que ambos se referem a fenômenos diferentes. No entanto, esses termos estão relacionados, posto que a "colonialidade do poder" não teria sido historicamente possível sem o "colonialismo" imposto ao mundo a partir do século XVI (Quijano, 2002, p. 23). Fundamenta na "colonialidade do poder" uma dimensão econômica da classificação racial, importante para se entender como essa ideia classificatória e hierarquizada se propaga, mas também por que o seu produto – o "racismo" – persiste como elemento definidor de hierarquias e subalternidades nas sociedades pós-coloniais, dificultando tanto o processo de cidadanização quanto o de democratização.

Para ele, a ideia de raça, em seu sentido moderno, não tem história conhecida antes da conquista da América. A formação de relações sociais fundadas nessa ideia produziu na América identidades sociais historicamente novas – índios, negros e mestiços –, redefinindo outras – espanhol e português. Nesse processo, à medida que as relações sociais se configuravam em relações de dominação, tais identidades foram associadas a hierarquias, lugares correspondentes ao padrão de dominação colonial que se estabelecia. Assim,

> Desde então demonstrou ser o mais eficaz e perene instrumento de dominação social universal, pois dele passou a depender outro igualmente universal, porém mais antigo, o intersexual ou de gênero: os povos conquistados e dominados foram situados em uma posição natural de inferioridade e, em consequência, também seus traços fenotípicos, assim como suas conquistas mentais e culturais. Dessa forma, a raça se conver-

teu no primeiro critério fundamental para a distribuição da população mundial em categorias, lugares e papéis na estrutura de poder da nova sociedade.[2] (Quijano, 2001, p. 203)

Outro aspecto importante relacionado com novas identidades históricas é o fato de estas terem sido associadas à nova estrutura global de controle do trabalho. Assim, ambos os elementos, raça e divisão do trabalho, foram estruturalmente associados e reforçaram-se mutuamente, embora nenhum dos dois dependa necessariamente do outro para existir e se relacionar. Desse modo, a distribuição racista de novas identidades sociais foi combinada com a distribuição racista do trabalho e das formas de exploração do capitalismo colonial. Isso se expressou, sobretudo, em uma quase exclusiva associação da "brancura social" com o salário e, por definição, com os postos de mando da administração colonial. Com efeito,

> Cada forma de controle do trabalho estava articulada com uma raça particular. Consequentemente, o controle de uma forma específica de trabalho podia ser ao mesmo tempo o controle de um grupo específico de dominados. Uma nova tecnologia de dominação/exploração, neste caso raça/trabalho, se articulou de forma que parecesse naturalmente associada. No que, até agora, tem sido excepcionalmente bem-sucedida.[3] (Quijano, 2001, p. 205)

Quijano afirma que essa classificação racial da população, e sua posterior associação às formas de trabalho não assalariado, desenvolveu entre os europeus brancos a específica percepção de que o trabalho pago era privilégio dos brancos – a inferioridade racial dos colonizados implicava que não eram dignos de pagamento de salário.

---

2. Tradução livre.
3. Tradução livre.

Assim, no contexto da "colonialidade do poder" na América, a escravidão foi deliberadamente estabelecida e organizada para produzir mercadoria para o mercado mundial e, desse modo, servir às necessidades do capitalismo. Essa mesma racionalidade está presente ainda hoje nas relações trabalhistas baseadas nessas distinções, ou seja, salário menor para as raças inferiores por igual trabalho dos brancos (Quijano, 2001, p. 208).

O autor aponta ainda outro aspecto de suma importância: o fato de que, como parte do novo padrão mundial de poder, a Europa também concentrou sob sua hegemonia todas as formas de controle da subjetividade, da cultura e em especial da produção de conhecimento. Nesse sentido, criou uma nova perspectiva temporal de história e cultura, imaginadas como experiências e produtos exclusivamente europeus (Quijano, 2001, p. 210).

Quijano afirma que, com o estabelecimento da "colonialidade do poder", a população dominada não só foi submetida às relações de trabalho como à hegemonia eurocêntrica na maneira de adquirir conhecimento, promovendo uma subordinação que não é somente étnica e racial, mas também colonial e epistêmica. Nesse sentido, apresenta-se como a face oculta dessa modernidade que manteve e mantém em silêncio os saberes que foram subalternizados e rebaixados a formas de saber não epistêmico e acadêmico.

Segundo ele, o mais notável é que, para uma grande maioria da população mundial, incluindo os opositores e as vítimas do racismo, a ideia de raça como elemento da "natureza" que tem implicações nas relações sociais se mantenha praticamente intocada em sua origem. Quijano é enfático em afirmar que a descolonização do poder, qualquer que seja o âmbito concreto de referência, tem como ponto de partida a descolonização de toda a perspectiva do conhecimento. Com efeito, raça e racismo estão colocados, como nenhum outro elemento das modernas relações de poder capitalista, nessa decisiva encruzilhada (Quijano, 2000, p. 44). Assim, a ideia de raça como instrumento de dominação social e poder inventado nos últimos 500 anos, baseado na diferenciação identitária racial, trouxe para o âmbito das relações sociais cotidianas sua manifestação mais perceptível e onipresente e, por isso mesmo, mais sutil, o seu efeito mais perverso:[4] o racismo.

****

Uma referência fundamental para a discussão sobre raça e racismo vem de Elisa Larkin Nascimento (2003). Seu trabalho é particularmente importante por permitir reconhecer as sutilezas pelas quais o racismo se manifesta – ou, melhor dizendo, se esconde – no contexto sociocultural brasileiro. Sobressaem as noções de dominação, invisibilidade e silenciamento que caracterizam o tratamento dado à questão racial e a seus efeitos na sociedade brasileira, configurando-se na constituição de uma pretensa "democracia racial". Em sua perspectiva,

> além de operar desigualdades sociais, o "racismo" cumpre funções mais amplas de dominação como ideologia de hegemonia ocidental que transmite e reproduz o processo de desumanização dos povos dominados. Essa ideologia atua por meios de representações sociais em nível do subconsciente ou do imaginário social. Não precisa ser explicitada em linguagem direta, pois se instala, mediante o processo de socialização, na representação do real internalizada pelos indivíduos. As dimensões simbólicas das representações que permeiam a educação e a cultura, e os efeitos psicológicos que estas operam sobre negros e brancos, revelam-se

---

4. Segundo Boudon (1977, p. 12), por *efeitos perversos* entendem-se os efeitos individuais ou coletivos que resultam da justaposição de comportamentos individuais sem que estes estejam incluídos nos objetivos procurados pelos atores. Tais efeitos são onipresentes na vida social e representam uma das causas fundamentais dos desequilíbrios sociais e da mudança social.

parte integrante dos mecanismos de discriminação nas relações sociais. São inseparáveis e constitutivos do "racismo". (Nascimento, 2003, p. 58)

Para a autora, um dos processos pelos quais o racismo se manifesta no Brasil se revela em um processo que transforma a ideia original de raça, a partir do esvaziamento do conteúdo racial das relações discriminatórias, em uma perspectiva de neutralidade baseada em uma hierarquia racial de escala gradativa de cor e prestígio, que classifica pela "marca" ou pelo fenótipo de origem racial ou étnica, portanto "não racista". Contudo, a autora observa que essa distinção é fictícia, posto que não existe distinção real entre preconceito de marca e preconceito de origem porque "a marca é simplesmente o signo da origem; é através da marca que a origem é discriminada, sendo esta, e não o fenótipo em si, o alvo da discriminação" (Nascimento, 2003, p. 46-47).

A substituição da ideia de raça pelo mote da cor permitiu à nação construir uma pretensa ideologia antirracista, fundamentada em toda uma teoria academicamente formulada e socialmente consolidada no imaginário popular, capaz de encobrir a realidade de um sistema de dominação racial de extrema eficácia. No entanto, a noção de raça, firmemente embutida na hierarquia social da cor, carece de realidade biológica, mas exerce uma função social de forte impacto concreto sobre a vida real. Trata-se do fenômeno de raça socialmente construída. (Nascimento, 2003, p. 47)

A autora aponta dois momentos expressivos nos quais esse processo de esvaziamento se operou: primeiro, o holocausto dos judeus na Europa, que engendrou um consenso bastante amplo sobre a necessidade de eliminar as distinções raciais do pensamento e da prática social. O segundo momento aconteceu com o desmoronamento do embasamento científico operado pela ciência biológica da categoria "racial". A autora, no entanto, ressalta que, mesmo ao se relegar a categoria raça ao campo da ficção científica, não se conseguiu eliminar sua vigência de fato, nem, consequentemente, os efeitos perversos sobre aqueles nos quais incide (Nascimento, 2003, p. 45).

O processo utilizado para encobrir e evitar os efeitos perniciosos do racismo, baseado na ideia de raça, a autora denomina "sortilégio da cor": uma ideologia que opera nas relações raciais, tendo como principal função ocultar a supremacia branca e o etnocentrismo ocidental. Dessa forma, aparece o aspecto mais nocivo da "manifestação" do racismo, ocultado pelo sortilégio da cor: a transformação do negro brasileiro em "branco virtual".

De fato, como define Nascimento, o encobrimento do racismo operado pelo sortilégio da cor constrói a figura do "branco virtual", o mestiço desafricanizado, identificado com os valores da sociedade ocidental, negando seu próprio racismo, projetando-o em "outro" racista que, não raro, vem a ser o próprio negro e os movimentos sociais organizados. Assim, o "branco virtual" é o que assume e se engaja, mesmo de forma inconsciente, nos processos do racismo calcado no sortilégio da cor. "Trata-se da hegemonia de uma identidade étnica invisível, silenciosa, que reina implícita como universal e imune ao questionamento" (Nascimento, 2003, p. 383-384).

Com isso, o ideal de branqueamento não só tem obstaculizado uma discussão mais enfática sobre a questão racial no Brasil como, acima de tudo, vem dificultando o reconhecimento efetivo do racismo como meio de distinção e poder. Com isso se desconsidera a perspectiva racial das desigualdades, o que influi de maneira negativa na construção de uma identidade racial sustentável e de uma cidadania mais ampla e mobilizadora, para a consecução na esfera pública de políticas voltadas à ampliação da participação dos negros na vida do país.

Além disso, a autora aponta que em toda a América Latina, em sua história de dominação, a teoria do branqueamento verteu-se na convicção de que as elites ibéricas teriam criado uma versão cordial e harmoniosa de relações raciais baseada na mestiçagem. Assim, identifica dois corolários associados a essa noção: de um lado, a ideia de que a escravidão africana na região foi benevolente, uma forma amena de servidão. De outro, que a ausência de segregação racial determinada por lei, aliada à garantia constitucional da igualdade, basta para caracterizar a sociedade como "não racista" (Nascimento, 2003, p. 129).

Outro aspecto importante apontado pela autora, no que concerne ao processo ideológico da supremacia branca na sociedade brasileira, é a distinção entre "racismo" e "racialismo" feita por Antonio Sérgio Guimarães (*apud* Nascimento, 2003, p. 52). Nessa perspectiva, o "racismo" se caracterizaria pelo conjunto de mecanismos discriminatórios institucionais que perpetuam as desigualdades, enquanto o racialismo significaria a crença na existência de raças biológicas como subdivisões da espécie humana. Dessa maneira, verifica-se que o "antirracialismo" consiste na desmoralização e no combate ao conceito de "raça" biológica, enquanto o "antirracismo" iria mais além, combatendo os mecanismos discriminatórios e as desigualdades.

Para a autora, o sortilégio da cor, como instrumento de dominação e poder, forjou na sociedade brasileira uma identidade nacional calcada na rejeição do critério estabelecido pela ciência biológica, favorecendo a categoria cor e divorciando-a da origem racial. Essa forma de racismo penetrou na consciência da nação, articulando-se ao discurso nacional, e fundamentou um sistema social de profundas desigualdades raciais, baseado em um suposto paraíso de harmonia racial (Nascimento, 2003, p. 152). Diz a autora:

> Invisíveis e emudecidas, as noções racistas de cunho biológico acompanham intimamente a alegação da inexistência do "racismo" no Brasil, assim compondo parte integrante e recalcada da ideologia da democracia racial [...]. Com o recalque do critério biológico, o medo da maioria ne-

gra, que provocou no passado a criação da política do embranquecimento, pôde ceder lugar à indignada reação da sociedade brasileira contra a sua caracterização como racista, invocando a miscigenação como "prova" cabal de seu antirracismo. Trata-se do destacado resultado do sortilégio da cor. (Nascimento, 2003, p. 152)

Certamente, a discussão sobre raça e racismo é bem mais ampla e complexa do que a exposta aqui. Ela implica outros debates e interpretações, entre eles a questão da miscigenação, que incide de maneira direta sobre o branqueamento, e a da eugenia, ligada à pureza de sangue. Não obstante, mesmo considerando a importância de cada um desses temas, julgo pertinente privilegiar aqueles que incidem diretamente sobre aquilo que tenho em mente como instrumental teórico. Nesse momento, meu objetivo é o de trazer à luz os mecanismos que impedem a ascensão do negro capacitado no mercado de trabalho, bem como a questão simbólica da representação da identidade cultural negra e sua influência direta na construção de estereótipos e estigmas.

Aqui, assumo como premissa que, para ser combatido, o racismo deve necessariamente ser fundamentado no conceito raça, entendido como diferença racial universal e eurocentrada imposta aos povos colonizados para garantir a distinção de uns e a subalternidade de outros. Assim concebido, esse combate ao racismo seria a condição essencial para que se possa dar, de fato, tanto a afrocidadanização quanto a democratização do país.

Identidade e reconhecimento

Quando discuto a construção de uma identidade racial na sociedade brasileira, em que os indivíduos da população negra são sistematicamente estigmatizados, a questão que se impõe diz respeito à necessidade de reconhecimento.

A ideia de estigma pode ser entendida, de maneira geral, como marca, atributo ou estereótipo que serve para identificar as pessoas que portam determinados traços, bons ou ruins. Para Goffman (1988), existem três tipos de estigma nitidamente diferentes: em primeiro lugar, há as abominações do corpo, as várias deformidades físicas. Em segundo, as culpas de caráter individual, percebidas como vontade fraca, paixões tirânicas ou não naturais, crenças falsas e rígidas, desonestidade, sendo essas inferidas a partir de relatos conhecidos de, por exemplo, distúrbio mental, prisão, vício, alcoolismo, homossexualidade, desemprego, tentativas de suicídio e comportamento político radical. Finalmente, há os estigmas tribais de raça, nação e religião, que podem ser transmitidos pela família. Em todos esses modelos descritos por Goffman encontra-se um mesmo problema sociológico: o indivíduo que poderia ter sido bem recebido na relação social cotidiana carrega algo que pode afastá-lo daqueles que ele encontra, destruindo a possibilidade de atenção para outros atributos seus. Portanto, um indivíduo estigmatizado sofre por causa do falso reconhecimento ou pela falta deste (Goffman, 1988, p. 22).

O reconhecimento ao qual me refiro diz respeito não só ao valor intrínseco desses indivíduos, do seu pertencimento a determinado grupo racial para, a partir daí, empreender transformações amplas. Estou me referindo ao reconhecimento social dos indivíduos da população negra como indivíduos que protagonizaram e construíram nossa sociedade. Para pautar essa discussão, usarei a perspectiva de Charles Taylor, autor referencial para este debate.

Taylor (1993) se utiliza da política do reconhecimento e a vincula à questão da identidade para dar conta do individualismo contemporâneo, correlacionado com o multiculturalismo. Aqui, é pertinente introduzir alguns aspectos do multiculturalismo, posto que sua discussão incide diretamente na minha proposta de estudo.

O multiculturalismo surge como parte do desenvolvimento do pluralismo social, o qual ilustra a existência, nas sociedades contemporâneas, de diferentes grupos sociais que desenvolvem políticas e práticas em várias frentes e visam construir uma sociedade multiétnica. Assim, o multiculturalismo transforma-se em movimento de luta pelo reconhecimento da existência de pluralidade de valores e da diversidade cultural, constituindo, em alguns países ocidentais, um terreno de debates e polêmicas intermináveis, confrontando diferentes ideologias quanto aos modos de promover igualdade de oportunidades e reconhecimento do direito à diferença.

Para Costa e Werle (2000), o multiculturalismo recoloca uma das questões fundamentais da filosofia política contemporânea: as formas de tratamento diferenciado de grupos socioculturais, reconhecendo-os em suas diferenças e particularidades, que são compatíveis com o modelo universalista igualitário de cidadania, cerne do Estado democrático de direito.

Daí se percebe que o multiculturalismo, com suas múltiplas formas de expressão (gênero, sexualidade, etnia, identidade etc.), ocupa, pouco a pouco, lugar privilegiado nas discussões educacionais. O espaço que vem se abrindo em diversas sociedades para as discussões vinculadas à diversidade cultural, linguística e identitária é, em última instância, resposta aos diferentes movimentos sociais que representam vozes em busca de direitos e de legitimidade, bem como o reconhecimento, por parte dos governos, da necessidade de elaborar políticas públicas que atendam de maneira eficaz a essas várias reivindicações. O multiculturalismo é, portanto, uma ideologia/política que aparece como um dos caminhos para organizar o poder nas sociedades democráticas contemporâneas, ou seja, em contextos sócio-históricos plurais.

Referenciando-se nessa discussão, Taylor distingue duas tradições na teoria liberal: de um lado, a política da dignidade igualitária, baseada na ideia de que todos os homens merecem respeito e direitos iguais;

de outro, a política da diferença, baseada na necessidade de reconhecimento da identidade única de indivíduos e grupos. Tal teoria permite-nos compreender as reivindicações oriundas dos movimentos sociais negros no Brasil, pelo reconhecimento e pela defesa da especificidade africana na sua formação, ou seja, por uma identidade afro-brasileira.

Taylor compreende que a exigência do reconhecimento se baseia na relação entre reconhecimento e identidade, na qual a identidade individual se estabelece pelo sentido definidor atribuído à própria pessoa de suas características como ser humano. Supõe que nossa identidade se define e se molda pelo reconhecimento – ou na sua ausência. Para o autor, o reconhecimento pode ocorrer de duas formas: como reconhecimento legítimo, que valorizamos como aquele que merecemos, ou como ilegítimo, que não aceitamos como definidor de nossa verdadeira identidade. O reconhecimento, legítimo ou ilegítimo, inclui a interpretação de nossa identidade advinda de outras pessoas. Assim, o reconhecimento é uma necessidade humana vital.

O reconhecimento se apresenta em dois campos específicos, a saber: pela proteção dos direitos básicos dos indivíduos como seres humanos; no reconhecimento das necessidades particulares dos membros de grupos culturais específicos. O pleno reconhecimento dos indivíduos como cidadãos iguais demanda: o respeito à identidade única de cada indivíduo, qualquer que seja seu sexo, "raça" ou etnia; e o respeito às atividades, às práticas e aos modos de ver o mundo, que são objeto de uma valorização singular, inseparáveis dos grupos em desvantagem (Taylor, 1993).

> A tese é que nossa identidade se molda em parte pelo reconhecimento e em parte pela falta deste: frequentemente, também, se expressa pelo falso reconhecimento de outros, e assim, um indivíduo ou um grupo de pessoas podem sofrer um verdadeiro dano, uma autêntica deformação se as pessoas ou a sociedade que o rodeiam lhe mostram, como

reflexo, um quadro limitativo, ou degradante ou depreciativo de si mesmo. O falso reconhecimento ou a falta de reconhecimento podem causar dano, podem ser uma forma de opressão que aprisione alguém em um modo de ser falso, deformado e reduzido. (Taylor, 1993, p. 44)

Charles Taylor realizou um estudo histórico-filosófico do reconhecimento e da identidade, distinguindo o antigo sentido de "honra" do sentido moderno de "dignidade". O primeiro concedia preferências e privilégios a alguns escolhidos em detrimento de outros, permitindo dessa forma a existência de hierarquias entre os cidadãos e, em consequência, a desigualdade. Já o conceito de dignidade igualitária, empregado em sentido universalista, insere a todos os seres humanos. Portanto, este último conceito, no que se refere à política do reconhecimento, é essencial para a cultura democrática.

Com a ideia de uma identidade intimamente forjada surge o ideal de autenticidade, que o autor retira principalmente das obras de Rousseau e Herder. Tal conceito propicia a formação da última fase do desenvolvimento do conceito de reconhecimento: o reconhecimento igualitário. Taylor ressalta, contudo, que a modernidade não se constitui pela convivência pacífica entre dignidade igualitária e reconhecimento igualitário. Ao contrário, esse potencial de conflito estará na base da constituição de uma sociedade plural.

A construção da identidade não se efetua somente no plano íntimo, mas também na esfera social. Nela, Taylor identifica a intrínseca relação entre reconhecimento e identidade. Nesse sentido, enfatiza um aspecto decisivo da condição humana, seu caráter fundamentalmente dialógico. Conclui Taylor que,

> deste modo, que eu descubra minha própria identidade não significa que eu a tenha elaborado em isolamento, mas que eu tenha negociado por meio de um diálogo com os demais. O desenvolvimento de um ideal de

identidade que se gera internamente atribui uma nova importância ao reconhecimento. Minha própria identidade depende, de forma crucial, de minhas relações com os "outros". (Taylor, 1994, p. 64)

Taylor utiliza o dialogismo para explicitar como a constituição da identidade do indivíduo se realiza em uma troca contínua, estruturando-se e definindo-se por meio da comparação e da diferença. Demonstra, assim, a importância dos elementos intersubjetivos na fundação do "eu", em sua realização no processo interativo com o "outro". Nesse sentido,

a percepção que um indivíduo tem de si mesmo e de sua individualidade depende de estruturas cognitivas, esquemas corporais, afinidades comuns e outras qualificações inscritas num quadro que emerge somente no decurso de interações com membros de seu grupo de pertença e dos outros grupos sociais. A própria capacidade de um indivíduo de se pensar como indivíduo e definir as qualificações desta individualidade é amplamente determinada por suas interações e experiências sociais. (Taylor, 1994, p. 64)

Naturalmente, uma teoria dialógica é de suma importância para que se perceba que a identidade não se constrói apenas por meio da troca e da interação, mas também da existência de diferenças nessas relações. Por sua vez, explica também a exigência das minorias de ver seus direitos reconhecidos. Portanto, a valorização da diferença torna-se fundamental para a construção da identidade. Dessa forma, o reconhecimento pode ser elaborado em duas esferas distintas: na esfera íntima, ele se realiza na formação da identidade e do sujeito, por intermédio de práticas linguísticas apreendidas na interação com outros sujeitos; na esfera pública, condiciona a questão da "cidadania" ao reconhecimento igualitário para a construção democrática.

Nesse sentido, o autor enfatiza o caráter universalista tanto da dignidade igualitária quanto do reconhecimento igualitário. Destaca ainda que o universalismo sublinhado pela dignidade compartilhada por todos foi responsável pela consagração de direitos civis e políticos. Assim, da mesma forma que a construção das identidades pessoais se realiza por intermédio do diálogo com o "outro", as identidades sociais dependem de políticas constantes de reconhecimento igualitário.

Esse reconhecimento se apresenta, de um lado, como uma exigência que se processa contra a opressão, na medida em que a falta de reconhecimento conforma identidades que internalizam signos de inferioridade e humilhação; de outro, assegura o espaço da diferença e, como forma de princípio de igualdade universal, obriga o reconhecimento das identidades. Desse modo,

> com a política da dignidade igualitária, o que se estabelece pretende ser universalmente o mesmo, certo idêntico de direitos e imunidades; com a política da diferença, o que pedimos que seja reconhecido é a identidade única deste indivíduo ou deste grupo, o fato de ser distinto aos demais. (Taylor, 1994, p. 61)

A sociedade moderna democrata-liberal se notabiliza por ter em sua elaboração constitucional a igualdade de direitos e de títulos, fazendo, dessa forma, surgir a política da diferença, pela qual cada um deve ser reconhecido por sua identidade única. Portanto, esses dois aspectos da política do reconhecimento, a política da dignidade igualitária e a política da diferença, formam o eixo explicativo das controvérsias entre o Estado e as demandas subjetivas.

A política da dignidade igualitária pressupõe a existência de seres humanos racionais, que conduzem a vida de acordo com princípios igualmente dignos de respeito. Por sua vez, a política da diferença é fundada no valor universal da preservação da própria identidade, seja esta individual ou cultural. Nesse caso, toda cultura é igualmente digna de respeito. Embora pareçam conflituosas, essas políticas se complementam, pois, como diz Taylor (1994, p. 61), "a política da diferença brota organicamente da política da dignidade universal". A política da dignidade igualitária requer que se tratem as pessoas de maneira que suas diferenças não sejam vistas, enquanto a política da diferença demanda um tratamento diferenciado. A diferença, portanto, não constitui uma negação ou traição da igualdade; ao contrário, ela passa a constituir a matriz da explicação da igualdade.

Capítulo 3

Da "cidadania" à "afrocidadanização"

A análise da trajetória de estudantes provenientes das camadas populares em sua passagem pela universidade e sua posterior entrada no mercado de trabalho está também perpassada por considerações sobre relações de poder que podem – ou não – favorecer o seu reconhecimento e sua ascensão na esfera do trabalho. Assim, considerar inicialmente as noções de capital social, capital cultural e *habitus* parece-me fundamental para pensar a transformação da condição subalterna dos indivíduos da população negra – afrocidadanização – no contexto sociocultural brasileiro.

Capitais e *habitus*

É significativa, nesse sentido, a atribuição que Pierre Bourdieu (2004) faz ao mundo social como retrato fiel da história humana, com todos os seus percalços e sucessos. Para ele, a estrutura social permite a distribuição de diferentes tipos e subtipos de capital, em dado momento, no tempo e no espaço, como representativa da estrutura do mundo social. Para analisar tal estrutura, o autor reintroduz o conceito de capital e as consequências advindas de seu acúmulo para a análise social.

Segundo Bourdieu, de início o capital é visto como um acúmulo de trabalho que, quando apropriado de maneira privada, por agentes ou grupos constituídos, possibilita a apropriação da energia social, seja na forma reificada do trabalho, seja na forma do trabalho vivo.

O capital constituído dessa maneira, objetivamente ou personificado, reveste-se de uma capacidade potencial de produzir lucros e, ao mesmo tempo, de se autorreproduzir, na mesma proporção ou de maneira expandida.

O capital pode se apresentar de três maneiras fundamentais:

1. como capital econômico, que é imediata e diretamente convertido em dinheiro e pode ser institucionalizado na forma de direito de propriedade;
2. como capital cultural, que é convertido, em certas condições, em capital econômico e pode ser institucionalizado na forma de qualificação educacional;
3. como capital social, produzindo obrigações sociais, sendo convertido sob certas condições em capital econômico e podendo ser institucionalizado na forma de títulos nobiliárquicos.

****

A análise de variáveis não econômicas que influenciam o desenvolvimento de determinada sociedade e sua capacidade de realizar demandas sociais tem sido o principal instrumento pelo qual a teoria social procura estabelecer relações de causalidade entre políticas públicas e sociais, tais como o aumento da qualidade de vida e do bem-estar característicos de uma sociedade justa e democrática. Nessas análises tem se destacado o conceito "capital social".

Como instrumento analítico, o conceito de "capital social" é relevante por medir as relações entre as pessoas que habitam determinado local; por apontar a aproximação das ações individuais com as estruturas sociais, demonstrando a possibilidade de mudança social por intermédio de ações positivas; por demonstrar também a importância das redes sociais informais na construção de relações sociais e de formas de sociabilidade nas quais interesses pessoais e coletivos se imbricam, sustentadas pelos sentimentos de confiança, participação cívica, reciprocidade, proatividade e cooperação, resultando em inúmeros benefícios diretos e indiretos.

Apresenta-se de forma ampla como um instrumento produtivo, que possibilita a realização de certos objetivos que seriam inalcançáveis se ele não existisse; ao contrário do capital físico (aspectos meramente econômicos) e humano (qualificação profissional, formação escolar formal etc.), muito embora não possa ser medido ou aferido facilmente, é possível especificá-lo utilizando como medida certos comportamentos sociais, sendo ele, dessa forma, elemento facilitador de certas ações que podem ser úteis para a comunidade. Diferentemente de outros tipos de capital, ele surge das relações sociais, independentemente de elas se darem nos níveis micro ou macro, sendo importante para explicar, a partir dessas relações, a definição de chances individuais de ascensão social.

Coleman (1988) parte da análise da teoria da escolha racional para desenvolver sua teoria do "capital social". Segundo ele, esse tipo de capital pode proporcionar a introdução da estrutura social no paradigma da ação racional, estando seu grande valor na possibilidade de identificar certos aspectos funcionais da estrutura social que proporcionam aos atores sociais recursos para a realização de seus interesses. Em sua perspectiva, o capital social se apresenta tanto no plano individual como no coletivo. No plano individual, tem que ver com o grau de integração social de um indivíduo para realizar seus interesses: sua rede de contatos sociais, implicando suas relações, expectativas de reciprocidade, comportamentos confiáveis. Como um bem coletivo, se efetivaria por meio das normas sociais que produzem a ordem pública.

Coleman traz como hipótese a existência de uma complementaridade entre capital físico-econômico (insumos, infraestrutura e financiamento), capital humano (educação e preparação técnica) e capital social (relações de confiança), sendo a otimização de cada um desses capitais alcançada na medida em que as relações de confiança e reciprocidade aumentam na comunidade. Dessa forma, se em duas ou mais comunidades em que o nível educacional das pessoas e os recursos materiais oferecidos são constantes, o que distingue o desempenho de seus membros é a confiança estabelecida, que permite mobilização coletiva e maximização dos recursos individuais existentes. Assim, a capacidade da ação é ampliada em situações em que a confiança permeia uma coletividade (ou associação), facilitando a otimização dos recursos socioeconômicos e humanos disponíveis.

Segundo o autor, esse tipo de capital assume algumas formas: obrigações e expectativas, confiabilidade das estruturas, canais de informação e normas sociais. As obrigações e expectativas constituem o relacionamento entre indivíduos e podem ter analogia com o capital financeiro. Nas palavras do autor:

> Se *A* realiza alguma coisa para *B* e acredita que *B* responderá reciprocamente no futuro, estabelece-se uma expectativa em *A* e uma obrigação em *B*, esta obrigação pode ser transformada em um crédito potencial mantido por *A* em relação ao desempenho de *B*. Se *A* mantém uma grande quantidade destes créditos potenciais, para um número de pessoas que se relacionam com *A*, a analogia com o capital financeiro é direta. Estes créditos passam a constituir um passivo ao qual *A* pode recorrer se necessário – a menos, é claro, se a aposta na confiança tenha sido imprudente, e estes sejam débitos ruins que não poderão ser reembolsados. (Coleman *apud* Lima, 2001, p. 4)

Nesse sentido, o funcionamento dessa forma de capital depende de dois fatores primordiais: a confiança no meio social, que deve passar a certeza de que as obrigações serão cumpridas; e a extensão atual das obrigações que serão honradas, o que, de fato, é a garantia que mantém as relações.

Para o autor, se as normas existentes são efetivas, produzem "capital social", embora algumas vezes mostrem-se bastante frágeis. De todo modo, as normas são internalizadas visando otimizar as ações coletivas em busca de metas comuns, sendo respaldadas pelas sanções internas ou externas que possibilitam o domínio dos problemas que colocam em risco os bens públicos e a existência da coletividade. As normas, ao se constituírem em importante fonte de capital social, podem facilitar certas ações e dificultar outras, principalmente se estas forem inovadoras, colocando em xeque a ordem já estabelecida. Constituem-se também em instrumento eficaz na manutenção do controle social, agindo, por exemplo, na inibição do crime, pela sua repressão direta ou pelo constrangimento de comportamentos. Por outro lado, pode facilitar o desenvolvimento de movimentos sociais (pela aplicação das normas ou por sua abolição), de atividades mutualistas (na provisão de bens escassos) e da chamada "boa governança", ou seja, políticas públicas voltadas para o interesse do conjunto da sociedade.

Outra propriedade presente nas relações sociais essencial para as normas efetivas é o que Coleman chama de elos fechados. Para ele, o fechamento da estrutura social é importante também para a criação de outros tipos de capital social. É a confiança na estrutura que permite a proliferação das obrigações e expectativas. Na relação social aberta, há um enfraquecimento da confiança na estrutura social, e todo o aparato legal ou não legal de controle sobre as ações que coloquem em risco a coletividade é ineficiente. O capital social possibilita, por meio dos esforços somados das comunidades, ganhos sociais importantes para todos.

Sua análise destaca também a relação existente entre o conceito de capital social e a criação do capital humano, caracterizado pela presença do capital social na família. Com efeito, aponta o autor, é comum aos sociólogos da educação relacionar o sucesso escolar com o *background* familiar (incentivo, escolaridade dos pais, dos filhos, valorização da escola, da cultura etc.). Esse *background* costuma ser analisado separadamente, sendo constituído de capital financeiro, capital humano e capital social. O capital financeiro e o humano são de extrema importância, mas não são essenciais; o fator preponderante é o interesse dos pais, medido em tempo e esforço, no aprendizado dos filhos. É essa atitude que caracteriza o capital social. O autor ainda afirma que, mesmo com um baixo capital financeiro e humano, podemos ter sucesso, desde que tenhamos capital social.

****

Bourdieu (2004) entende o capital social como o somatório dos recursos reais ou virtuais, produzidos pelas redes de relacionamento de mútuo entendimento e reconhecimento, à disposição dos indivíduos ou grupos, determinando que a amplitude deste para cada agente depende diretamente do tamanho e da intensidade das conexões que ele efetivamente mobiliza a seu favor, estando, contudo, o "capital social" aliado à outras formas de capital, tais como o econômico e o cultural.

O "capital social" é o conjunto de recursos atuais ou potenciais que estão ligados à posse de uma *rede durável de relações* mais ou menos institucionalizadas de interconhecimento e de inter-reconhecimento ou, em outros termos, *à vinculação de um grupo*, como conjunto de agentes que não somente são dotados de propriedades comuns (passíveis de serem percebidas pelo observador, pelos outros ou por eles mesmos), mas também são unidos por *ligações* permanentes e úteis. Essas ligações são irredutíveis às relações objetivas de proximidade do espaço físico (geográfico) ou no espaço econômico e social porque são fundadas em trocas inseparavelmente materiais e simbólicas cuja instauração e perpetuação supõem o reconhecimento dessa proximidade. O volume do "capital social" que um agente individual possui depende então da extensão da rede de relações que ele pode efetivamente mobilizar e do volume do capital (econômico, cultural ou simbólico) que é posse exclusiva de cada um daqueles a quem está ligado. Assim, os lucros que o pertencimento a um grupo proporciona estão na base da solidariedade que os torna possível. (Bourdieu, 2005, p. 67)

Para o autor, as redes de relações sociais não surgem naturalmente, sendo produto de ações estratégicas, individuais ou coletivas, conscientes ou inconscientes, que estabelecem ou reproduzem as relações sociais. Assim, na concepção de Bourdieu, o capital social é uma especificidade dos indivíduos, aos quais é atribuída a "responsabilidade" da transformação social. Com efeito, a principal característica do capital social está justamente em apresentar-se como alternativa às possibilidades das duas formas de capital citados antes, centrados especificamente nos indivíduos.

Entendido como um poderoso instrumento de incentivo para que as pessoas ajam coletivamente, o capital social pode ser o mecanismo que faltava para gerar uma democracia mais eficiente e com qualidade, estabelecendo que as demandas de grupos sistematicamente não apreciados sejam atendidas e, dessa forma, ampliem e fortaleçam a cidadania. Nesse sentido, o conceito de capital social será importante para entender as ações positivas dos indivíduos entrevistados nesta obra no que se refere a sua participação na comunidade de origem.

O conceito de capital social é significativamente importante para este livro na medida em que se apresenta como uma síntese da realidade social, configurando-se em estrutura de oportunidades pelas quais os agentes sociais buscam ampliar suas chances individuais de ascensão social. Especialmente para analisar o momento histórico atual da sociedade brasileira, acredito ser esse conceito fundamental, pois possibilita um novo olhar sobre fenômenos sociais e políticos que, na maioria das vezes, são silenciados – como a configuração das redes sociais informais, estabelecidas entre os atores sociais para a consecução da ação social positiva. Exemplo disso são os pré-vestibulares comunitários e populares em rede.

Apesar de todos esses aspectos importantes, quero chamar a atenção para o fato de que o capital social assume uma dupla configuração relacionada com relações sociais de distinção e poder. Se, de um lado, a aquisição de capital social pode ampliar as oportunidades de ascensão social dos negros, de outro, por ser configurada em uma relação de poder, essa mesma possibilidade de ascensão pode ser cerceada pelo lado hegemônico da hierarquia social, mesmo porque esse tipo de capital, por se manifestar nas relações sociais, carrega elementos que efetivam as desigualdades.

Assim, a mobilização do capital social, em virtude da estrutura simbólica hierárquica da sociedade brasileira, com suas relações de distinção e poder, não assegura a inserção dos negros em lugares prestigiosos na esfera do trabalho, mesmo que estes tenham ampliado o seu capital cultural. Com isso, chamo a atenção para o nexo constitutivo entre esse conceito e o processo de construção e conquista da cidadania, como o entendido aqui. Acredito que as relações sociais são condicionadas pela cultura política de cada sociedade, que incide direta e silenciosamente sobre as escolhas e as oportunidades.

Nesses termos, ao entendimento do capital social como precondição e instrumento a ser mobilizado em favor de indivíduos ou coletividades deve ser acrescentado o entendimento de que existe um esquema invisível e sutil nas relações sociais, decorrente da nossa cultura política, criador de um *habitus* cultural compartilhado, que guia nossa ação no mundo, refletindo objetivamente na interdição de um indivíduo capacitado da população negra aos postos mais prestigiosos na hierarquia do trabalho.

****

Bourdieu (1992, 2005) formula o conceito de capital cultural para explicar a desigualdade de desempenho escolar de crianças oriundas de diferentes classes sociais, procurando relacionar o sucesso escolar com a distribuição desse capital específico entre as classes ou frações de classe. Com isso, ele rompe tanto com a visão de senso comum, que considera o sucesso ou fracasso escolar fruto de "aptidões", quanto com as teorias do capital humano.

Em suas pesquisas, descobre que o capital cultural constitui o elemento familiar com maior impacto no destino escolar. A posse do capital cultural favoreceria o desempenho escolar da criança, na medida em que facilitaria a aprendizagem dos conteúdos e códigos escolares. As referências culturais, os conhecimentos considerados legítimos (cultos, apropriados) e o domínio maior ou menor da língua culta facilitariam o aprendizado escolar, pois funcionariam como uma ponte entre o mundo familiar e a cultura escolar. Em segundo lugar, a posse do capital cultural favoreceria o êxito escolar por propiciar um melhor desempenho nos processos formais e informais de avaliação (Bourdieu, 2005, p. 73).

Para o autor, o capital cultural pode existir sob três formas:

1. no *estado objetivado*, na forma de bens culturais – quadros, livros, dicionários, instrumentos e máquinas – transmissíveis de maneira relativamente instantânea quanto à propriedade jurídica, sendo as condições de sua apropriação específica submetidas às mesmas leis de transmissão do capital cultural incorporado. Nas entrevistas realizadas para este livro, pude observar que esse tipo de capital tem sido ampliado em função da transformação da trajetória dos indivíduos, bem como com a possibilidade de acesso a esses bens;

2. no *estado institucionalizado*, por meio basicamente de títulos e certificados escolares que, assim como o dinheiro, guardam relativa independência em relação ao portador do título. Por meio

dessa forma de capital cultural é possível colocar a questão das funções sociais do sistema de ensino e de apreender as relações que este mantém com o sistema econômico;

3. no *estado incorporado*, ou seja, sob a forma de disposições duráveis do organismo, que em seu estado fundamental está ligado ao corpo e pressupõe sua incorporação, fundamentada num trabalho de inculcação e de assimilação que custa tempo e deve ser investido pessoalmente.

Assim, segundo o autor, o capital cultural incorporado

> é um ter que se tornou ser, uma propriedade que se fez corpo e tornou-se parte integrante da "pessoa", um "habitus". Aquele que o possui "pagou com sua própria pessoa" e com aquilo que tem de mais pessoal, seu tempo. Esse capital pessoal não pode ser transmitido instantaneamente por doação ou transmissão hereditária, por compra ou troca [...]. Não pode ser acumulado para além das capacidades de apropriação de um agente singular; depaupera e morre com seu portador. (Bourdieu, 2005, p. 75)

A funcionalidade do capital cultural incorporado está basicamente fundada na formação inicial em um ambiente social e familiar que corresponde a uma posição específica na estrutura social, na qual os indivíduos incorporam, como um conjunto de disposições para a ação, o *habitus* familiar ou de classe. Por esses aspectos, o capital cultural é útil para pensarmos a questão da "agência humana", referenciando os entrevistados diante das condições primárias de sua socialização, como família, escola e comunidade, bem como sobre as possibilidades de transformação dessas condições sob uma nova forma de inserção social, ou seja, como indivíduos portadores de diploma do ensino superior. Desse modo, penso o "capital cultural", e por extensão o *habitus*, como categorias que podem iluminar as mudanças ocorridas na vida dos entrevistados; como um sistema de valores implícitos e profundamente interiorizados, transmissíveis pelas famílias para seus membros e passíveis de ser transformados.

Bourdieu (1994) localiza no *habitus* a mediação entre o agente social e a sociedade, entre o homem e a história. O *habitus* é um conceito que articula o indivíduo e o social – as estruturas internas da subjetividade e as estruturas sociais externas – como dois estados da mesma realidade, da mesma história coletiva. Assim, esse conceito implica

> um sistema de disposições duráveis, estruturas estruturadas predispostas a funcionar como estruturantes, isto é, como princípio gerador e estruturador de práticas e das representações que podem ser objetivamente "reguladas" e "regulares" sem ser produto de obediência a regras, objetivamente adaptadas a seu fim sem supor a intenção consciente dos fins e o domínio expresso das operações necessárias para atingi-los e coletivamente orquestradas, sem ser o produto da ação organizadora de um regente. (Bourdieu, 1994, p. 15)

Assim, o *habitus* é uma noção mediadora que ajuda a romper com a dualidade de senso comum entre indivíduo e sociedade ao captar "a interioridade da exterioridade e a exteriorização da interioridade", ou seja, o modo como a sociedade se engendra nas pessoas na forma de disposições duráveis ou capacidades treinadas e propensões estruturadas para pensar, sentir e agir de modos determinados, que então as guiam nas suas respostas criativas aos constrangimentos e solicitações do seu meio social.

Destaca-se por ser um saber agir aprendido pelo agente em sua inserção em determinado "campo". O "campo" é entendido como local de lutas perenes, que visam conservar ou transformar as forças ali presentes sem, no entanto, determinar de todo a ação dos agentes. Estes conseguem participar do "jogo" específico de cada "campo" se dotados de um mínimo de capital específico. Os campos por onde os agentes circulam, levados pela necessidade de estar no jogo, são os *loci* onde operam e se alteram os *habitus* em consequência da mobilização dos diferentes tipos de capital (Brandão e Altman, 2007).

****

Wacquant (2007) destaca que, como história individual e grupal sedimentada no corpo, estrutura social tornada mental, o *habitus* designa uma competência prática, adquirida na e para a ação, que opera sob o nível da consciência. O autor aponta também que o *habitus* fornece ao mesmo tempo um princípio de "sociação" e de "individuação". "Sociação" porque as nossas categorias de juízo e de ação, vindas da sociedade, são partilhadas por todos aqueles que foram submetidos a condições e condicionamentos sociais similares (assim, pode-se falar de um *habitus* masculino, de um *habitus* nacional, de um *habitus* burguês etc.). "Individuação" porque cada pessoa, ao ter uma trajetória e uma localização únicas no mundo, internaliza uma combinação incomparável de esquemas.

Por seus aspectos, o *habitus* ajuda-me a pensar as disposições incorporadas pelos negros em sua passagem pela universidade que, aliadas a suas experiências de vida, possibilitam uma efetiva transformação na forma de ver a vida, em suas condições materiais e na forma como se relacionam com sua família e sua comunidade.

Cidadania como estratégia de luta

No decorrer da década de 1990, a luta pela ampliação da cidadania ganhou ênfase devido, principalmente, ao aumento da participação dos novos atores sociais no processo decisório de responsabilidade social, dando novas formas à maneira de se exercê-la. A emergência de novos movimentos sociais – como o ambientalismo, o feminismo, o movimento pelo direito dos negros e dos homossexuais –, na luta pelo direito à igualdade e pelo reconhecimento de diferenças específicas, encontrou importante apoio na redefinição do conceito de cidadania, trazendo novos significados para a relação entre cultura e política como forma de transformação da realidade.

Como observa Herkenhoff (2001, p. 14), vem crescendo na sociedade brasileira a "consciência individual de cidadania"; mais que isso, aumenta no povo a "consciência coletiva da cidadania", visto que as solicitações, as petições, os protestos são coletivos, solidários, organizados em redes ou em teia, produzindo um novo princípio ético-político. Segundo Baierle (2000), esse princípio tem em seus fundamentos o surgimento de um cidadão de novo tipo, uma nova relação entre público e privado, pois se trata de uma ética que surge de questões muito concretas que aparecem em espaços nos quais

> [...] as pessoas não se reúnem só porque gostam de estar juntas, por um gesto de solidariedade cristã, embora muitas vezes existente e válida. Elas se reúnem porque precisam, porque têm necessidades. E discutindo suas necessidades constroem interesses coletivos, descobrem causas e consequências, aprendem a falar, a ouvir, a planejar. Sua ação produz mudanças concretas que melhoram a sua vida. A consciência de saber-se autor de transformações na sua rua, no seu bairro, na sua cidade é ferramenta fundamental através da qual se forja este novo princípio ético-político, estruturando uma solidariedade social e racionalmente construída. (Baierle, 2000, p. 212)

Em sua perspectiva histórica, a cidadania tem assumido diversos significados, e seu conteúdo vem se transformando. O tema foi inicialmente analisado por T. H. Marshall (1967), que mostrou a interconexão entre o desenvolvimento do Estado-nação inglês e a ampliação dos direitos de cidadania, estabelecendo uma progressão histórica que implicou, primeiramente, a extensão dos direitos civis, conquistados no século XVII; depois, a expansão dos direitos políticos, alcançados no século XIX; e, finalmente, os direitos sociais, econômicos ou de crédito, conquistados no século XX com as lutas do movimento operário e sindical.

A cidadania civil é composta dos direitos necessários ao exercício da liberdade individual: de ir e vir, de imprensa, de pensamento e de acesso à justiça como forma de sua garantia e concretude. A cidadania política está relacionada com o direito de participação, ou seja, de eleger e ser eleito. Por fim, o componente social da cidadania refere-se aos direitos que visam estabelecer um mínimo de bem-estar social, determinado em cada sociedade.

Nessa mesma perspectiva, Jelin (1996) correlaciona a hipótese de expansão histórica dos direitos elencada por Marshall com a correspondente terminologia utilizada no âmbito das Nações Unidas, onde se fala de gerações de direitos. Segundo essa classificação, de "primeira geração" são fundamentalmente os direitos civis e políticos; de "segunda geração" são os direitos econômico, social e cultural, que exigem um papel ativo do Estado para assegurar as condições materiais requeridas para o exercício dos anteriores. Os de "terceira geração" (paz, desenvolvimento, meio ambiente) e de "quarta geração" (direito dos povos) são de outra natureza, já que fazem referência a fenômenos globais e coletivos.

Como já vimos, o conceito de cidadania assumiu, nas duas últimas décadas do século XX e início do século XXI, o papel de elemento articulador entre as demandas sociais surgidas na sociedade civil e o âmbito da esfera governamental. Assim, tal conceito vem sendo utilizado como estratégia de luta, na qual há a redefinição não só do sistema político, mas, acima de tudo, o estabelecimento de uma discussão ampla sobre a relação entre cultura e política, sobre as práticas econômicas, sociais e culturais para fins de mudança social.

Neste livro, chamo a atenção para a concepção de "cidadania ampliada", presente nas análises de Dagnino, Alvarez e Escobar (2000). Seu argumento é importante na medida em que traz o conceito cidadania como expressão e resultado da mobilização dos agentes sociais.

Para esses autores, os movimentos populares urbanos foram instrumentais na construção de uma nova concepção de cidadania democrática, por meio da qual se reivindicam direitos na sociedade, e não apenas do Estado, se contestam as rígidas hierarquias sociais que ditam lugares fixos na sociedade para seus (não) cidadãos com base em critérios de classe, raça e gênero. Dagnino, Alvarez e Escobar afirmam que as mudanças culturais foram fundamentais como elemento político para o processo de democratização, atuando na luta dos movimentos de mulheres, homossexuais, negros e outros como meio de confrontar a cultura autoritária, atribuindo novos significados às noções de direitos, espaço público e privado, formas de sociabilidade, ética, igualdade e diferença.

Os autores utilizam o conceito de política cultural para chamar a atenção para o laço constitutivo entre cultura e política, bem como para a redefinição de política que essa visão implica. Segundo eles, esse laço constitutivo significa que a cultura, entendida como concepção de mundo, como conjunto de significados que integram práticas sociais, deve considerar as relações de poder embutidas nessas práticas. Desse modo,

> [...] a cultura é política porque os significados são constitutivos dos processos que, implícita ou explicitamente, buscam redefinir o poder social. Isto é, quando apresentam concepções alternativas de mulher, natureza, "raça", economia, democracia ou "cidadania" que desestabilizam os significados culturais dominantes. (Dagnino, Alvarez e Escobar, 2000, p. 24)

Para os autores, a compreensão da configuração dessas relações de poder não é possível sem o reconhecimento de seu caráter cultural ativo, que expressa, produz e comunica significados. Assim, "a expressão político-cultural significaria o processo pelo qual o cultural se torna fato político" (Dagnino, Alvarez e Escobar, 2000, p. 17). E mais:

> [...] Enfatizar as implicações culturais significa reconhecer a capacidade dos movimentos sociais de produzir novas visões de uma sociedade democrática, na medida em que eles identificam a ordem social existente como limitadora e excludente com relação a seus valores e interesses. Para os setores excluídos da sociedade brasileira, a percepção da relevância política dos significados culturais embutidos nas práticas sociais faz parte de sua vida cotidiana. (Dagnino, Alvarez e Escobar, 2000, p. 78-82)

Ao analisar a política cultural dos movimentos sociais, os autores procuram avaliar o alcance das lutas pela democratização da nossa sociedade a fim de iluminar as implicações menos visíveis e, com frequência, negligenciadas da busca da cidadania. Assim, a conversão da agenda dos movimentos sociais em políticas e a redefinição do significado de desenvolvimento geram uma política cultural que considera a relação entre política e cultura fundamental para promover mudanças. Assim, o conceito de cidadania se transforma em uma estratégia política, em uma resposta à dinâmica dos conflitos reais e da luta política vivida pela sociedade.

Observadas essas transformações recentemente ocorridas no entendimento da cidadania, gostaria de esclarecer aqui como eu a entendo. De início, penso que a cidadania deve ser compreendida como a base fundamental a partir da qual construímos nossa condição de indivíduos, social e identitariamente. Acima de tudo, acredito que cidadania é o conceito com base no qual se estabelecem nossos direitos e deveres e são definidas nossa liberdade e igualdade, além dos termos da solidariedade social. A essa compreensão deve ser agregado o seu conteúdo de estratégia de luta, pela qual se reivindica para todos os cidadãos o direito de participar de todos os setores da sociedade, com igualdade de oportunidades – independentemente de raça, credo ou qualquer outra forma de pertença historicamente subalternizada.

Assim entendida, a cidadania se apresenta como uma concepção alternativa, que vê nas lutas democráticas uma redefinição não apenas do sistema político, mas também das práticas econômicas, sociais e culturais que engendram uma nova ordem democrática para a sociedade como um todo. Há, portanto, uma ampla gama de esferas públicas nas quais a cidadania pode ser exercida e os interesses dos indivíduos podem não somente ser representados, mas também fundamentalmente remodelados (Dagnino, Alvarez e Escobar, 2000, p. 16).

O cerne do que entendo por um processo de cidadanização, para chegar à afrocidadanização, corresponde ao conjunto de novos sentidos do conceito de cidadania apresentados. Essa é uma das suas concepções mais abrangentes, que pressupõe formas de participação, conformando laços especiais de pertencimento baseados na solidariedade, na virtude cívica e no engajamento como instrumentos de transformação social.

Afinal, acredito ser essa concepção de cidadania a essência dos projetos político-culturais que organizam e conformam a luta empreendida pelas redes horizontais de solidariedade, quando constroem um instrumento específico para ampliar a presença de estudantes das camadas populares nas universidades – como é o caso dos pré-vestibulares comunitários e populares em rede –, colocando em andamento um processo de afrocidadanização.

Ações afirmativas como instrumento de afrocidadanização

Na década de 1990, com a ampliação do debate sobre o mito da "democracia racial", ocorreram transformações no modo de enfrentar as desigualdades raciais brasileiras. A busca de soluções para combatê-las mobilizou governo e entidades da sociedade civil com a finalidade de implementar políticas públicas capazes de tornar real a igualdade de condições e de oportunidades. Esse debate foi inspirado pelo princípio de que a negação de oportunidades para a população negra, que experimenta historicamente a desigualdade social e racial, deveria ser combatida.

O reconhecimento da existência da exclusão e a busca de políticas públicas não universalistas que procuram beneficiar os excluídos revelam que o critério de justiça a ser utilizado – no sentido de garantir igualdade de oportunidades – é aquele no qual as "diferenças" deixam de ser o impedimento para a distribuição de bens escassos.

Nesta seção, apresento um apanhado histórico de como se deu a implementação das políticas de ação afirmativa no Brasil para a inclusão social dos negros em diversas instâncias, particularmente no ensino superior. Cabe ressaltar que não busco empreender aqui uma discussão sobre os limites e as potencialidades das ações afirmativas, mas apenas pautar alguns aspectos conceituais que serão centrais para o entendimento do seu significado como referência para esta obra.

Parto aqui de duas dimensões distintas e complementares. Em primeiro lugar, discuto as ações afirmativas que se configuraram como políticas públicas, concebidas para promover a participação igualitária dos negros e de outras populações igualmente sub-representadas nas universidades brasileiras e na esfera do trabalho. Em segundo lugar, descrevo as ações afirmativas concebidas e implementadas por indivíduos, ou por grupos solidários, como ação social específica, configurando-se como "redes de solidariedade" por intermédio das quais esses indivíduos ou grupos buscam promover novas formas de exercício da cidadania no país. Como exemplo disso, destaco a história e as práticas do PVNC.

****

Instrumento fundamental para o processo de afrocidadanização dos negros, as políticas de ação afirmativa são um conjunto de estratégias políticas implementadas pelos governantes a fim de favorecer grupos socialmente discriminados por motivos de raça, sexo e etnia que, em decorrência disso, experimentam uma situação desfavorável em relação a outros segmentos sociais. Implicam, dessa forma, a formulação de políticas abertamente não universais com o intuito de beneficiar de forma diferenciada grupos discriminados, permitindo que, a médio e longo prazos – definidos em termos de segunda e terceira gerações –, eles possam alcançar condições econômicas, sociais e culturais equânimes. Portanto, as ações afirmativas têm como propósito o reconhecimento de que pessoas sujeitas a desigualdade devem receber tratamento diferenciado para fins de promoção de justiça social (Andrews, 1997).

Historicamente, as ações afirmativas baseiam-se na aprovação do Título VII da Lei dos Direitos Civis de 1964, nos Estados Unidos, que foi instituída para coibir a discriminação no emprego baseada em sexo, raça, credo, cor ou origem nacional e para corrigir as discriminações passadas e presentes. Para tal, estabeleceu-se um mecanismo – a "Comissão de Oportunidades Igualitárias no Emprego" – para que se administrassem as reclamações com o intuito de compensar injustiças, inicialmente por meio de conciliações. Estabeleceu-se, ainda, a não discriminação nos formulários de contratos federais na matéria de Ordem Executiva n. 11.246, de 1965, do presidente da República Lyndon Johnson. Tal ordem teve como posterior emenda a Ordem Executiva n. 11.375, de Richard Nixon, na qual se deram os primeiros passos para os programas de ações afirmativas. Essas ordens executivas e a posterior Ordem Executiva n. 10.925, de John Kennedy, de 6 de março de 1961, recomendaram que as empresas fizessem negócios com o governo federal a fim de alcançar alvos numéricos, objetivos e proporções que levassem a sociedade norte-americana a "mover-se afirmativamente" rumo à justiça em sua força de trabalho (Walters, 1997, p. 106).

Os registros indicam que Arthur Fletcher – afro-americano que ocupou o cargo de secretário assistente de Trabalho para Padrões de Emprego na administração Nixon – foi quem elaborou o primeiro critério de definição de ação afirmativa em termos operacionais (Walters, 1997, p. 110). O aspecto-chave era oferecer uma orientação para o empregador, cuja "reação desordenada" em sua empresa era reflexo da falta de empregos, em quantidade proporcional, para grupos raciais na área demográfica em que a firma operava. A solução foi estabelecer o emprego de pessoas qualificadas pertencentes aos diversos grupos, dentro de objetivos flexíveis e por um período igualmente flexível. Dessa maneira, a representação racial de tais grupos dentro da empresa seria melhorada.

O principal objetivo das políticas de ação afirmativa é efetivar a igualdade de oportunidades, funcionando como política preventiva à discriminação e tendo como especificidade apresentar uma relação inversa às políticas antidiscriminatórias (Heringer, 1999). Enquanto estas funcionam como meios pelos quais os indivíduos, principalmente no que se refere às relações de trabalho, podem recorrer depois de ter sofrido discriminação, a política de ação afirmativa busca prevenir a discriminação no mercado de trabalho, substituindo práticas discriminatórias intencionais ou rotinizadas por ações de proteção contra a discriminação.

No âmbito das iniciativas governamentais, a discussão sobre políticas de ação afirmativa no Brasil teve início em 1996, quando o Ministério da Justiça organizou o seminário "Multiculturalismo e racismo: o papel da ação afirmativa nos Estados democráticos contemporâneos", encontro internacional de pesquisadores e lideranças negras brasileiras. Tratou-se do primeiro reconhecimento, por parte do governo brasileiro, da necessidade de promover políticas públicas especificamente voltadas para a população negra.

Como desdobramento, naquela ocasião foi divulgado o "Plano Nacional de Direitos Humanos" (PNDH),[5] que tinha como um de seus objetivos o desenvolvimento de "ações afirmativas para o acesso dos negros aos cursos profissionalizantes, às universidades e às áreas de tecnologia de ponta". O documento também estabelecia o compromisso do governo de desenvolver "políticas compensatórias que promovam social e economicamente a comunidade negra". Além disso, foi implementado o "Grupo de trabalho interministerial para a valorização da população negra", prioritariamente nas áreas de educação, trabalho e comunicação.

Ainda na década de 1990, o Congresso Nacional aprovou a "Lei das Cotas", proposta pela deputada Marta Suplicy (PT-SP) com o apoio de toda a bancada feminina da Câmara dos Deputados (34 deputadas) e do Senado (seis senadoras). Essa lei se estabeleceu como fato inédito, pois até então em apenas um partido político (PT) e uma central sindical (CUT) as mulheres haviam conseguido implementar uma participação feminina obrigatória mínima de 30% nas instâncias deliberativas.

As políticas de ações afirmativas são direcionadas a vários segmentos sociais. De um lado, com políticas racialmente sensíveis e, de outro, com ações direcionadas às minorias políticas e culturais. No que tange às relações de gênero, trata-se de medidas que visam à aplicação das leis de igualdade, pois a sua finalidade é colocar em marcha programas que possam garantir às mulheres avanços concretos. No que se refere às relações raciais, sua implementação tem sido objeto de intensos debates, gerando várias polêmicas e críticas direcionadas

---

5. Para conhecer detalhes do programa e de seus desdobramentos, consulte: <http://www.dhnet.org.br/dados/pp/pndh/textointegral.html>.

principalmente ao seu mecanismo mais amplo de atuação – a saber, a aplicação de cotas de inclusão tanto no mercado de trabalho como no ingresso no ensino superior. A característica principal desse processo é a presença estatal na consecução de políticas públicas que promovam a presença negra, pois a cor é utilizada como critério relevante de seleção dos candidatos. Desse modo, quando um candidato negro de baixa capacidade disputa uma vaga com um candidato branco de alta capacidade, o negro não pode substituir o branco. No entanto, quando a disputa se dá em condições parecidas entre negros e brancos, o critério da ação afirmativa recomenda a preferência pelo candidato negro (Andrews, 1997).

Os programas de ações afirmativas partem do pressuposto de que para haver a igualdade de oportunidades é necessário que se reconheça que a mera consagração legal da igualdade entre as partes não basta para banir situações discriminatórias, pois têm como princípio inclusivo o reconhecimento de que a competência para exercer funções de responsabilidade não é exclusiva de determinado grupo étnico, racial ou de gênero.

A política de ações afirmativas não exige, necessariamente, o estabelecimento de um percentual de vagas a ser preenchido por dado grupo da população, pois, entre as estratégias previstas, estão mecanismos que estimulam as empresas a buscar pessoas de outro gênero e grupos étnicos e raciais específicos, seja para compor seus quadros, seja para fins de promoção ou qualificação profissional. Busca-se também a adequação do elenco de profissionais às realidades verificadas na área de operação da empresa. Essas medidas estimulam as unidades empresariais a demonstrar preocupação com a diversidade humana de seus quadros.

Cabe ressaltar que as cotas não são instrumento obrigatório das ações afirmativas. As cotas se configuram como processo político que surge para corrigir realidades de permanente e recorrente segregação em substituição aos esforços anteriores que se mostraram ineficazes, enquanto as ações afirmativas são políticas de caráter definitivo. No âmbito da discussão sobre a legitimidade ou não das cotas como instrumento para alcançar a igualdade de "ponto de partida", a possibilidade da implementação de ações afirmativas – como instrumento específico de efetividade de direitos fundamentais e substantivos para um sistema constitucional de perspectiva comunitária – deveria se pautar nos seguintes princípios:

> *Princípio da equidade*: por este princípio a ação afirmativa pode vir a ser executada, no Brasil, como forma de instrumentalizar o direito positivo existente com o objetivo de administrar a justiça em uma perspectiva de equidade;
> *Princípio da reparação ou compensação*: a ação afirmativa pode ser implementada por legislações, programas e políticas públicas governamentais para a efetividade de uma justa igualdade de oportunidades no acesso ao emprego e à educação;
> *Probabilidade estatística discriminatória*: a ação afirmativa, por motivação da probabilidade estatística discriminatória, pode ser executada em razão da comprovação da discriminação por meios de dados estatísticos históricos e contemporâneos que indicam "uma linha de discriminação" contra os afro-brasileiros, no exercício de direitos e na consecução da igualdade de oportunidades. Tal comprovação estatística, associada ao discurso antirracista por igualdade, pode gerar novos consensos morais de justiça e igualdade na sociedade, que legitimem as ações afirmativas para os afro-brasileiros;
> *Comprovação judicial da discriminação*: as ações afirmativas podem ser implementadas por determinação judicial, requerendo preliminarmente a comprovação da discriminação, seja por impedimento no acesso ao emprego ou não cumprimento de metas de contratação. No Brasil a comprovação judicial da discriminação pode ser fundamentada na violação

aos princípios constitucionais da dignidade da pessoa humana e do pluralismo, das legislações antirracistas tais como a Lei 7.716/89, ou ainda as convenções internacionais ratificadas pelo país. (Brito, 1999, p. 248-250)

No âmbito educacional, outra importante medida para a igualdade de oportunidades foi adotada pelo governo do estado do Rio de Janeiro, com a criação de um sistema de cotas para negros nas suas universidades públicas: a Universidade Estadual do Rio de Janeiro (Uerj)[6] e a Universidade Estadual do Norte Fluminense (Uenf). A medida contou com a aprovação da Assembleia Legislativa do Estado do Rio de Janeiro, por meio de lei sancionada pelo governador Anthony Garotinho em 9 de novembro de 2001. Essa lei somava-se à Lei n. 3.524/2000, regulamentada em 30 de agosto de 2000, que estabelecia a reserva de 50% das vagas das universidades estaduais para estudantes vindos de escolas públicas.

O preenchimento das vagas foi feito deduzindo da cota de 40% o percentual de candidatos selecionados pelo Sistema de Acompanhamento do Desempenho dos Estudantes do Ensino Médio (Sade), instituído pela mesma Lei n. 3.524/2000. Por exemplo, de um universo de 100 alunos será verificado quantos, dos selecionados pelo Sade para a reserva de 50% das vagas para escolas públicas, são negros e pardos declarados na inscrição. Se entre esses houver 30% de negros e pardos, a cota de 40% será complementada com 10% de alunos vindos das escolas particulares que também tenham se declarado negros ou pardos. Além da cota, foi criado o "Conselho para a promoção educacional superior das populações negra e parda".[7]

Em 2003, com o início do governo Lula, as políticas de ações afirmativas foram ampliadas com diversos atos, entre os quais pode-

---

6. Um importante depoimento sobre esse acontecimento pode ser consultado em Freire (2004).

7. Informações completas sobre a implementação dessa lei podem ser consultadas em: <http://www.vestibular.uerj.br>.

mos destacar a composição inicial de seu gabinete, que tinha três ministros negros (Cultura, Meio Ambiente e Assistência Social) – dois deles mulheres. Mais tarde, esse ato foi reforçado com a nomeação da ministra Matilde Ribeiro para a Secretaria Especial de Políticas de Promoção da Igualdade Racial (Seppir) e do juiz Joaquim Benedito Barbosa Gomes para o Supremo Tribunal Federal, ambos negros. Outra medida de extremo alcance e significado foi a sanção pelo presidente Lula da Lei n. 10.639, de autoria da deputada Esther Grossi (PT-RS), que tornou obrigatório o ensino da história e da cultura afro-brasileiras nas escolas de ensino fundamental e médio em todo o país (Heringer, 2004).

Outro marco importante para a ampliação das oportunidades de ingresso dos indivíduos das camadas pobres ao ensino superior do país, com ênfase na população negra, foi a implementação do Programa Universidade para Todos (ProUni). O ProUni foi criado pela MP n. 213/2004 e institucionalizado pela Lei n. 11.096, de 13 de janeiro de 2005. Ele tem como finalidade a concessão de bolsas de estudos integrais e parciais a estudantes de baixa renda, em cursos de graduação e sequenciais de formação específica, em instituições privadas de educação superior, oferecendo, em contrapartida, isenção de alguns tributos àquelas que aderirem ao Programa.

Já em seu primeiro processo seletivo, o ProUni ofereceu 112 mil bolsas em 1.142 instituições de ensino superior de todo o país. Sua implementação amplia significativamente o número de vagas na educação superior, interioriza a educação pública e gratuita e combate as desigualdades regionais. Todas essas ações vão ao encontro das metas do Plano Nacional de Educação, que prevê a presença, até 2020, de pelo menos 33% da população na faixa etária de 18 a 24 anos no ensino superior. Faço referência a esse programa principalmente porque, a partir de sua aceitação pela PUC-Rio, o acesso dos estudantes dos pré-vestibulares comunitários e populares em rede deixou de se dar por convênios previamente estabelecidos pela universidade com entidades de movimento social e passou a se dar pelo ProUni.

Apesar de toda a polêmica em torno da implementação das políticas de ações afirmativas na sociedade brasileira, estas vêm propiciando novas oportunidades para os grupos sociais e raciais historicamente discriminados. As ações afirmativas permitem o estabelecimento de uma igualdade substantiva – seja por meio de cotas ou de qualquer outro instrumento de aplicação –, constituindo-se em um poderoso instrumento de combate à discriminação. Ao ampliar a oferta de oportunidades para todos, no sentido de igualá-las, as ações afirmativas conduzem a sociedade na direção da "cidadania" plena e inclusiva. Por todas essas razões, as ações afirmativas abrem caminhos por onde poderemos fazer passar os agentes do processo de afrocidadanização dos negros brasileiros.

PVNC: ação social como ação societária

De acordo com o senso do IBGE de 1991, a população afrodescendente do país correspondia a 44% dos cidadãos brasileiros, mas compunha apenas 1,7% do total dos estudantes universitários brasileiros. Essa realidade deixava clara a necessidade de enfrentar a questão racial no Brasil em um contexto de mudanças culturais profundas, com a emergência de novos sujeitos sociais em luta por novos direitos e com o surgimento de movimentos sociais que travavam lutas políticas em torno de projetos alternativos de democracia.

Foi nesse contexto que um grupo de indivíduos inconformados com a situação educacional dos negros no Brasil – particularmente na Baixada Fluminense, onde a qualidade do ensino médio é deplorável – resolveu criar o Movimento Social Pré-Vestibular para Negros e Carentes (PVNC). Tal decisão visava dar novo significado às relações entre política e cultura, empreendendo uma nova "política cultural"

(Dagnino, Alvarez e Escobar, 2000, p. 32) como elemento norteador dos projetos de superação da desigualdade.

O PVNC se apresenta como um movimento de educação popular, laico e apartidário, destinado às pessoas de camadas populares e, em geral, aos negros, com a intenção de capacitá-los para o vestibular. Com o ensino do curso pré-vestibular e outras ações, o PVNC se define, em caráter geral, como um movimento de luta contra qualquer forma de racismo e exclusão; em caráter específico, como uma frente de denúncia, questionamento e luta pela melhoria e democratização da educação. O movimento defende o ensino público, gratuito e de qualidade, que seja também pluriétnico e multicultural em seus níveis fundamental, médio e superior e nos âmbitos municipal, estadual e federal. Com essa perspectiva, procura criar as condições necessárias para que os estudantes discriminados por etnia, gênero ou situação socioeconômica concorram nos vestibulares das universidades públicas em condições concretas de aprovação. Portanto,

> [...] apresenta um tipo de postura que o coloca na posição de movimento que vai na contramão da lógica excludente, hierárquica e elitista predominante entre este tipo de modalidade de cursos preparatórios para a realização do vestibular, porta de acesso ao ensino superior. (Candau, 2001, p. 3)

Sua trajetória começa no salão "Quilombo" da Igreja Matriz de São João de Meriti, Baixada Fluminense, Rio de Janeiro, em julho de 1993. A ideia de organizar um curso pré-vestibular para estudantes negros nasceu das reflexões da Pastoral do Negro, em São Paulo, entre 1989 e 1992. Nesse período, e com o resultado concreto dessas reflexões, a PUC-SP, por intermédio do cardeal arcebispo Dom Paulo Evaristo Arns, concedeu 200 bolsas de estudos para estudantes participantes de movimentos negros populares.

O movimento também teve como modelo inspirador três experiências similares de pré-vestibulares: a Cooperativa Educacional Steve Biko, de Salvador, o Sindicato dos Funcionários da UFRJ e o Mangueira Vestibulares, do Rio de Janeiro. As articulações para a organização do primeiro núcleo iniciaram-se no final de 1992, tendo como principal objetivo a capacitação para o exame vestibular da PUC-Rio e para as universidades públicas do estado do Rio de Janeiro. Esse primeiro núcleo foi concebido e organizado por frei David Raimundo dos Santos – fundador do PVNC e atual diretor do Educafro –, Alexandre do Nascimento, Antônio Dourado e Luciano Santana Dias. Obtiveram-se duas salas de aula no Colégio Fluminense e foram contatados os professores, por meio de um trabalho de divulgação e reuniões com os primeiros alunos interessados. Em 5 de julho de 1993 deu-se a aula inaugural e esse mesmo grupo se responsabilizou pela coordenação do curso, cuja primeira turma recebeu 200 inscrições. Destes, 100 alunos começaram as aulas organizados em duas turmas. Porém, entre julho e novembro, muitos foram abandonando o curso, enquanto outros chegavam. As atividades escolares se encerraram em novembro, contando apenas 50 estudantes. Dentre esses alunos, sete conseguiram ser aprovados nos vestibulares de 1993 – uma aluna para a UFF-Niterói, um aluno para a UFF-Baixada, uma aluna para a Uerj e quatro alunos para a PUC-Rio.

O ano 1994 foi muito importante para o PVNC, pois este passou a ser reconhecido nacionalmente como movimento social de educação popular. O reconhecimento público do movimento como rede de solidariedade específica se deu por sua estrutura de visibilidade, uma vez que o PVNC tinha diversos "núcleos" espalhados por diferentes bairros da cidade do Rio de Janeiro e em diversos municípios da Baixada Fluminense, como também em Niterói.

Do ponto de vista organizativo, o movimento tem a seguinte estrutura operacional:

❭ Assembleia Geral: três ao ano, onde todos os envolvidos com o movimento participam, com direito a voz e voto, em caráter deliberativo;
❭ Reunião do Conselho Geral: mensal, realizada a cada primeiro domingo do mês, sendo composta por membros de cada um dos núcleos, denominados conselheiros. Eles possuem direito a voz e voto, também em caráter deliberativo;
❭ Seminários: três ao ano, com o objetivo de formações e fundamentação teórica dos professores, coordenadores e alunos.[8]

Entre os aspectos operacionais do movimento, pode-se destacar que o PVNC não depende de financiamento de igrejas, sindicatos, partidos políticos, pessoas físicas etc. A sustentabilidade econômica do movimento se dá da seguinte maneira:

Para ministrar suas aulas, os núcleos são alojados em espaços cedidos, sem ônus, por instituições, tais como universidades, escolas públicas, sindicatos, igrejas evangélicas e católicas, entre outros.

Possui uma oferta de serviço voluntária e gratuita, ou seja, sem ônus financeiro com professores e coordenadores. Estes trabalham a título de colaboração, ganhando apenas para o seu transporte e alimentação. Para tal, é pedido a cada aluno uma contribuição simbólica, que varia entre 5% a 10% do salário mínimo. Esse dinheiro é também utilizado para a aquisição de materiais pedagógicos, tais como livros, jornais e revistas, sempre variando de acordo com o núcleo. O trabalho voluntário desempenhado por estudantes universitários, na qualidade de professores dos pré-vestibulares comunitários, recebeu recentemente o reconhecimento da Assembleia Legislativa do Estado do Rio de Janeiro (Alerj), através do Projeto de Lei n. 2.068/2001, de autoria do deputado estadual Francisco

---

8. Estas informações e as apresentadas a seguir foram retiradas da "Carta de Princípios" do PVNC e podem ser consultadas na página: <http://www.pvnc.org.br>.

Alencar, onde foi utilizado como um dos elementos cruciais na exposição de motivos.[9]

O movimento é regido por uma Carta de Princípios, que sistematiza as deliberações aprovadas no conjunto do movimento e orienta suas atividades, seus princípios filosóficos e pedagógicos, define o perfil dos alunos, dos professores e coordenadores, além de normatizar o funcionamento dos núcleos. Por núcleos entendem-se os grupos que se reúnem para ministrar os cursos.

A proposta de atuação do PVNC se fundamenta em alguns conceitos gerais:

› "Democracia", como uma forma de relacionamento social que incorpore igualdade de oportunidades, garantia de vida digna (trabalho com salário justo, cuidados com a saúde, educação, previdência, moradia, terra, acesso à produção cultural), participação popular nas deliberações políticas, liberdade de expressão e respeito às diferenças e diversidade étnico-cultural. Vale ressaltar que, para o PVNC, a democracia, para ser plena, deve ser também étnica;
› "Ação afirmativa", como ação coletiva de afirmação de identidades e como luta por relações econômicas, políticas, sociais e culturais democráticas. Trata-se de uma concepção de "ação afirmativa" que vai além da instituição de políticas públicas direcionadas a um determinado grupo social;
› "Educação", como processo de formação de competência técnica e competência política, no sentido da autonomia e da emancipação humanas;
› "Educação", como prática de formação-emancipação humana, tem um papel importante na superação do "racismo", da discriminação de

---

9. As informações sobre esse projeto de lei podem ser encontradas na página: <http://alerj1n1.alerj.rj.gov.br>.

gênero, da discriminação cultural e, de uma forma geral, das desigualdades sociais, ou seja, para atribuir às questões da diferença cultural e da desigualdade social um papel central na prática pedagógica.

A ação social desenvolvida pelo PVNC tem sido objeto de análises sistemáticas de diversos pesquisadores, que consideram o movimento um campo fértil para novos debates. Isso em virtude da posição que o movimento assume diante de um tema crucial para uma sociedade plural: o da diferença. Tais análises têm-se desenvolvido de dois ângulos: o da sua "racionalidade externa", pois o movimento consegue articular a demanda de seu público-alvo, transformando-a em política pública; o da sua "racionalidade interna", na medida em que promove o diálogo constante entre os seus membros – coordenadores, professores e alunos – com a finalidade de manter a sua coesão e para dar consistência à sua continuidade. Um dos elementos mais importantes dessa racionalidade interna é constituição da disciplina Cultura e Cidadania, que passo agora a destacar.

Condição basilar para o estabelecimento de fontes de significado para a construção da identidade cultural, como parte do projeto político-pedagógico do PVNC, a disciplina Cultura e Cidadania propõe como especificidade pedagógica, no âmbito do aprendizado, ser um canal de participação e de discussão de temas relevantes da agenda política do país. Nela se estabelecem debates que buscam imprimir uma direção ao desenvolvimento discursivo de questões como: racismo, discriminação, preconceitos, gênero, cultura, ideologia, cidadania, democracia, violência, políticas públicas, neoliberalismo, globalização, direitos constitucionais e civis, bem como sobre temas recorrentes da sociedade moderna plural.

No que concerne a esse aspecto, é importante lembrar que, além de inserir estudantes negros nas universidades, o PVNC objetiva criar laços especiais de pertencimento como possibilidade concreta de realização da solidariedade social e da virtude cívica. Almeja ainda a participação ativa dos atores sociais no processo decisório de responsabilidade social. Para tal, o movimento tem estabelecido uma efetiva articulação entre os conceitos de cultura e cidadania como possibilidade de construção não só de subjetividades individuais, mas, acima de tudo, como instrumento de construção de uma subjetividade coletiva, como estratégia de luta pela qual o coletivo seja o sujeito do processo de transformação social.

Como meio específico de desenvolvimento desses debates são utilizados filmes, músicas e textos, em uma carga horária equivalente à das demais disciplinas, respeitando naturalmente a disponibilidade de tempo de cada núcleo do PVNC. Deve-se ressaltar, no entanto, que as aulas são ministradas por professores titulares da disciplina e por pessoas convidadas para palestrar. Estas últimas nem sempre são docentes, pois o que importa são suas contribuições para as intenções ideológicas da disciplina e do próprio movimento.

A disciplina permite o diálogo entre professores, coordenadores e alunos, servindo de instrumento para compreender a realidade social na qual estão inseridos os estudantes das camadas populares, bem como para refletir sobre temas relativos ao processo de constituição de identidades sociais. Estas são construídas com base em uma relação dialógica, como vimos nas diversas acepções sobre a construção de identidades.

No que diz respeito às especificidades políticas do desenvolvimento da disciplina, a base é a teoria pedagógica de Paulo Freire (1982). Afinal, esse autor considera que, em uma relação educacional, a prática da liberdade só encontra adequada expressão em uma pedagogia na qual se ofereçam condições de reflexão e autonomia, o que se alinha perfeitamente com a realidade dos alunos.

Para o autor, o diálogo leva o indivíduo a conscientizar-se da realidade por meio de um processo reflexivo. Com efeito, a reflexividade torna-se a raiz da objetivação. No entanto, adverte Freire, ninguém pode conscientizar-se separadamente dos demais. Para ele,

> As consciências não se encontram no vazio de si mesmas, pois a consciência é sempre, radicalmente, consciência do mundo. [...] O diálogo não é um produto histórico, é a própria historicização. É ele, pois, o movimento constitutivo da consciência que, abrindo-se para a infinitude, vence intencionalmente as fronteiras da finitude e, incessantemente, busca reencontrar-se além de si mesma. O isolamento não personaliza porque não socializa. Intersubjetivando-se mais, mais densidade subjetiva ganha o sujeito. (Freire, 1982, p. 11)

De forma substantiva, o que chama a atenção na disciplina Cultura e Cidadania, quando analisada com base na construção de subjetividades, é a própria intenção de fazer "ver" aos alunos a necessidade de se reconhecerem como cidadãos e seres humanos, como da própria missão conscientizadora e libertadora que cada um possui em busca da superação de sua atual condição material de existência e subalternidade. É, nesse sentido, uma espécie de "missionarismo" que busca transformar, por meio da agência humana, com a chamada para a ação coletiva, a estrutura social na qual estão inseridos os negros. Pode-se dizer, então, que

> esse missionarismo busca imprimir valores de relevância ímpar, que recaem na capacidade de gerar processos endógenos, que levem a mudanças de orientação, tornando as pessoas que participam do movimento propensas a agir e certamente influenciar na atuação da própria sociedade. Nesse sentido, demonstra a importância da criação de um movimento para a participação comunitária, isto é, um movimento para fora, para a consecução da solidariedade social. (Paiva, 1999, p. 233)

A conscientização como instrumento de conhecimento e reconhecimento de determinada realidade social torna-se, portanto, o dado basilar que encaminha o indivíduo para a transformação da sua realidade e também enseja a libertação da subalternidade. Desse modo, o aspecto ideológico intrínseco a essa disciplina é uma espécie de "pedagogia" que procura não repetir formas alienantes de ensino, próprias da concepção "bancária" da educação.

Com efeito, o trabalho político-pedagógico no qual se insere a disciplina Cultura e Cidadania não é mera sequência de uma educação tipicamente monocultural. Ao contrário, os debates nas salas de aula imprimem uma direção ímpar ao desenvolvimento discursivo da consciência crítica no alunado. Nesse "espaço de diálogo" que constitui a disciplina, almeja-se que os alunos compreendam que fazem parte da vida do país, que têm direitos e deveres, que podem e devem fiscalizar os governantes, que o acesso a uma educação de qualidade é um direito sagrado. De fato, "essa visão de mundo é mesmo fundamental para a conscientização originada daí, levando a uma postura reflexiva a respeito de questões sociais, provocando um nível de participação inovador" (Paiva, 1999, p. 174).

A disciplina Cultura e Cidadania visa estabelecer um amplo debate sócio-histórico, no sentido de potencializar as ações político--culturais de educandos e educadores do PVNC, ou seja, ela busca viabilizar a produção de subjetividades – também poderíamos dizer de "significados" – na luta por democracia e justiça social. Desse modo, mais do que entregar aos estudantes das camadas populares conteúdos e informações relevantes para o seu ingresso nas universidades, a disciplina objetiva propiciar uma formação cidadã, que seja também solidária e societária. Em uma palavra: cidadanização.

Capítulo 4

Os "bem-sucedidos": bolsistas formados da PUC-Rio

[...] uma coisa importante na PUC-Rio, especificamente, é esse sistema que a gente tem aqui: da rede. Seria, a meu ver, o mais próximo do que seria o ideal, em relação ao que tem sido desenvolvido pelas universidades públicas. Em relação à questão das cotas. Por que eu digo isso? Porque aqui a gente, além do fato de ter ensino de qualidade [...], [tem] a perspectiva de buscar um auxílio para alimentação, passagem [...] a questão da xerox [...] ticket do bandejão [...] o cara não fica abandonado. E isso é muito importante, por causa do efeito multiplicador que pode ter e da visibilidade que pode dar a essa experiência, que parece ser bem-sucedida.

Ex-estudante da PUC-Rio. Bacharel em Direito (2002).
Gávea, 5/10/2006.

Este capítulo tem como objetivo principal explicar a metodologia utilizada para a seleção dos estudantes a ser entrevistados na população total de bolsistas da PUC-Rio. Os critérios aqui descritos e discutidos, que foram adotados para selecionar a amostra, buscam responder diretamente ao argumento da falta de qualidade acadêmica e/ou profissional sistematicamente associada aos beneficiários das ações afirmativas, sejam elas a bolsa de ação social da PUC-Rio, o sistema de cotas das universidades públicas ou o ProUni.

Iniciei minhas pesquisas sobre os bolsistas egressos da PUC-Rio no âmbito da própria universidade, partindo da documentação institucional existente sobre eles. Meu objetivo nessa fase da pesquisa era o de identificar o universo da população a ser estudada, para conhecer suas características gerais e estabelecer os critérios para a seleção de *uma amostra não aleatória*, que fosse representativa desse universo e significativa para os interesses do trabalho. Meu objetivo central era selecionar um grupo de estudantes bolsistas cuja vida acadêmica estivesse "acima da média" nos seus respectivos departamentos.

Em função dos interesses da pesquisa, a análise inicial do universo da população estudada se preocupou em descrever quantitativamente a distribuição dos bolsistas por rendimento acadêmico, por local de origem, por gênero e pelos cursos da PUC-Rio.

Os critérios de cruzamento de dados foram assim pensados porque julguei que uma leitura quantitativa inicial dessa população permitiria visualizar o alcance e os limites das ações afirmativas desenvolvidas pela PUC-Rio, não só por abranger o conjunto da instituição, mas também por abarcar as comunidades das quais esses estudantes são provenientes. Além disso, esse tipo de exercício de análise me permitiu perceber que a presença dessa população vem transformando a universidade – estrutural e academicamente.

Antes de mais nada, é importante lembrar que não realizei pesquisa sobre a questão raça ou cor no âmbito da universidade na primeira parte do trabalho, uma vez que esta não tinha documentos sobre o assunto – entre os critérios utilizados para a ação afirmativa da PUC-Rio não está o corte racial, e sim a pobreza. Por sua vez, na análise qualitativa realizada em um segundo momento da pesquisa, com as entrevistas, utilizei preferencialmente o corte racial, adotando o critério da autoidentificação dos indivíduos da amostra selecionada.

Aqui é pertinente acrescentar que a entrada de estudantes negros, na maioria pobres, no *campus* da PUC-Rio começou a transformar a ecologia da universidade, não só no âmbito acadêmico propriamente dito, mas também, e principalmente, no âmbito de suas relações sociais – e raciais. O impacto dessa transformação pôde ser percebido imediatamente nas relações visíveis e invisíveis, como as entrevistas deixarão claro mais adiante. Academicamente falando, um dos mais significativos acontecimentos relacionados com a questão racial na PUC-Rio foi a criação do Núcleo Interdisciplinar de Reflexão e Memória Afrodescendente (Nirema).

O Nirema, cuja fundação tive a oportunidade de acompanhar, foi criado em 2003 com o objetivo de congregar pesquisas sobre a questão racial de três departamentos da PUC-Rio: História, Serviço Social e Sociologia e Política. Esse esforço interdisciplinar nasceu por iniciativa da Vice-reitoria Acadêmica e foi acolhido pelo Decanato de Ciências Sociais partindo da realidade da própria universidade, que hoje conta com um número significativo de alunos negros em consequência da política de ação afirmativa implementada pela PUC-Rio desde 1993.

No segundo momento da pesquisa, de caráter qualitativo, meu trabalho se concentrou na pesquisa de campo, pela qual procurei localizar os egressos selecionados, em uma amostra inicialmente imaginada de 10% do universo (cerca de 40 pessoas). Planejei entrevistas que procuravam conhecer suas histórias de vida, as condições sociais de suas interações sociais – familiares e comunitárias – e suas percepções de sua trajetória depois de formados.

Nessa etapa da pesquisa, privilegiei como principais eixos temáticos as percepções dos entrevistados quanto a: "racismo", preconceito ou discriminação na esfera do trabalho; transformação da vida material após a graduação na PUC; mobilidade social no âmbito familiar; reconhecimento, ou rejeição, nas relações com a comunidade; participação na comunidade; identidade racial.

A população estudada: documentos e escolhas da pesquisa

A primeira peça documental que utilizei – a mais importante do ponto de vista quantitativo – é proveniente da Vice-reitoria para Assuntos Comunitários da PUC-Rio e se constitui em uma listagem intitulada "Perfil dos alunos bolsistas de ação social formados, com ano de ingresso até 1999".

Essa lista contém os seguintes dados: nome do aluno; número de matrícula – do qual se pode inferir o ano do seu ingresso; curso; Coeficiente de Rendimento Acumulado (CRA) – o principal indicativo da qualidade da vida acadêmica do estudante; data de nascimento; bairro; cidade; naturalidade; sexo; nome do pai; nome da mãe. Nela podem ser encontrados 382 alunos bolsistas de ação social, estudantes regulares de 18 cursos da universidade que ingressaram na PUC-Rio no período compreendido entre 1992 e 1999. Como se verá mais adiante, trabalhei efetivamente com um subconjunto dessa população, composto por 347 estudantes bolsistas de ação social. A redução de 35 estudantes do universo total dos bolsistas formados se justifica primeiramente em função de que utilizei o ano 1994 como marco inicial da temporalidade da pesquisa. Por esse critério, foram desconsiderados 18 estudantes. Além disso, foram igualmente desconsiderados 17 estudantes que, embora apareçam na listagem, tiveram CRAs inferiores a cinco.

A temporalidade da pesquisa está balizada pelos anos 1994 e 1999. O ano 1994 se justifica como referência inicial de tempo, na medida em que foi a partir dele que se implementou o convênio estabelecido entre a PUC-Rio e os pré-vestibulares comunitários e populares em rede. Dessa maneira, como se verá mais adiante, os estudantes selecionados para compor a amostra imaginada de 10% do universo da população de bolsistas, por terem entrado na PUC-Rio entre aqueles anos, teriam se formado entre os anos 1998 e 2004. Por outro lado, o ano 1999 foi escolhido como marco final porque os estudantes que ingressaram na universidade depois de 1999 apenas estariam começando a entrar no mercado de trabalho a partir de 2004, ou seja, menos de três anos até o fechamento desta pesquisa, um tempo demasiadamente curto para se fazer qualquer conjectura sobre oportunidades de ingresso e ascensão na esfera do trabalho.

O segundo conjunto de documentos institucionais utilizados na fase inicial da pesquisa provém da Vice-reitoria Acadêmica. Ali obtive estatísticas mais gerais sobre os alunos da PUC-Rio que me permitiram situar, com maior precisão, os estudantes bolsistas nos contextos demográfico e acadêmico da universidade.

A seleção dos entrevistados: projetos e processos

Utilizando os documentos mencionados, organizei uma grande tabela de referência inicial construída por curso, que me permitiu visualizar a situação acadêmica dos bolsistas formados, ao longo dos anos em questão, em relação ao corpo discente dos departamentos da PUC-Rio nos quais eles estão representados. É importante lembrar que os bolsistas estudados neste trabalho são os formados com coeficientes de rendimento comparáveis com os coeficientes de rendimento médios dos seus respectivos cursos, ou seja, os "bem-sucedidos" 347 bolsistas de ação social da PUC-Rio, com ingresso entre 1994 e 1999.

Um dos primeiros e mais relevantes achados da pesquisa é o fato de que a população estudada está distribuída em 17 dos 33 cursos regulares[10] da PUC-Rio (51,5%). Cabe ressaltar, no entanto, que, embora eles estejam presentes nos três centros da universidade – CCS (287 indivíduos), CTCH (29) e CTC (31) –, há uma forte concen-

---

10. *Manual do Aluno de Graduação da PUC-Rio*, 2006. Disponível em: <http://www.puc-rio.br/ensinopesq/ccg/docs/manual_2006.pdf>.

tração (82,71%) da sua presença no Centro de Ciências Sociais, em particular no curso de Serviço Social (34%).

Esse ponto é de extremada importância por dois aspectos: de um lado, isso pode constituir um fator complicador na passagem do programa de bolsas de ação social da PUC-Rio para o ProUni, na medida em que este último prescreve uma distribuição equitativa dos estudantes bolsistas de ações afirmativas em todas as áreas da universidade. Vale lembrar, no entanto, que a distribuição dos bolsistas pelos cursos da PUC-Rio não é feita pelo critério de cotas, estando os futuros bolsistas submetidos aos critérios estabelecidos pelo concurso vestibular para todos os candidatos. Assim, os cursos mais procurados, ou seja, os que têm uma relação candidato/vaga maior, tendem a ter menos estudantes bolsistas, posto que, de forma geral, o ingresso nestes exige notas mais altas no vestibular.

Por outro lado, a atual realidade da distribuição dos bolsistas pelos cursos da PUC-Rio é muito relevante para a discussão sobre o acesso às carreiras mais prestigiosas para a sociedade – tema que certamente diz respeito a qualquer reflexão sobre as conquistas dos indivíduos da população negra na educação superior. Aqui vale lembrar que algumas das carreiras mais valorizadas socialmente são do CCS, tais como: Comunicação Social, Direito, Relações Internacionais e Economia e Administração. Atualmente, na PUC-Rio, apenas um quarto dos bolsistas estão distribuídos pelos cursos de maior relação candidato/vaga, o que poderia grosseiramente ser associado às carreiras de maior prestígio social, contra três quartos de bolsistas acomodados nos cursos em que essa relação é inferior a três candidatos por vaga. Além disso, é importante lembrar que estamos falando apenas da metade dos cursos regulares oferecidos pela universidade, ou seja, ainda há muito a conquistar.

Posto que me interessam as ações afirmativas para a população negra, meu projeto inicial era selecionar, no conjunto de bolsistas formados, apenas os beneficiários dos convênios da universidade com os pré-vestibulares comunitários e populares em rede –particularmente os estudantes negros. Durante a pesquisa, percebi que os documentos institucionais não me permitiriam tal escolha, pois os dados disponíveis estão agregados sob a categoria "bolsas de ação social", cujo escopo é bastante mais amplo. Para lidar com esse importante limite da documentação, utilizei a referência de município de origem dos bolsistas para me aproximar da questão racial.

O raciocínio que adotei se baseia no fato de que a PUC-Rio, ao enfocar a pobreza para a concessão das bolsas de ação social, particularmente nas regiões da Baixada Fluminense (34% dos bolsistas) e das Zonas Norte e Oeste da cidade do Rio de Janeiro (total de 38,32%), concretamente privilegiou áreas urbanas cuja maioria da população é também negra (56,79% e 40,23% da população moradora na Baixada Fluminense e no município do Rio de Janeiro, respectivamente).

O caso do município do Rio de Janeiro merece ser comentado. Embora haja 40% de negros na cidade, essa porcentagem mascara as desiguais distribuições raciais no espaço urbano, pois as Zonas Norte e Oeste concentram os indivíduos da população negra ou de origem nordestina, que muitas vezes se confundem nos censos do IBGE. Ainda quando se fala de bolsistas da Zona Sul (18,15%), os dados se referem principalmente a áreas de favela localizadas nesses bairros, nos quais as proporções raciais estão igualmente "diluídas" na proporção geral da cidade. A relação entre pobreza, raça e região urbana de origem será aprofundada na seção "O *locus* de origem".

Este trabalho me permitiu realizar uma estimativa da presença de estudantes negros no interior da população de bolsistas da PUC-Rio, embora não se possam determinar com precisão as proporções raciais reais. Esse esforço foi realizado, como se verá mais adiante, com o cruzamento das informações sobre os municípios de origem dos bolsistas e as proporções raciais informadas pelo IBGE (Censo 2000) para cada um deles. A partir daí, foi possível inferir que aproximadamente 46%

dos bolsistas de ação social da PUC-Rio eram membros da população negra. Guardadas todas as proporções dessa estimativa, é possível assumir que pelo menos metade dos bolsistas não seja negra – dado que poderia se mostrar muito relevante no momento da realização das entrevistas, posto que nelas a questão racial é central.

Embora, em virtude do meu percurso na PUC-Rio e fora dela, eu tivesse a possibilidade de conviver com muitos dos alunos que têm o perfil buscado pela pesquisa, optei por trabalhar com uma amostra selecionada com base na qualidade da vida acadêmica dos entrevistados, correndo o risco de encontrar nela menos de 50% de estudantes negros. A amostra, portanto, *não é aleatória no que se refere ao rendimento acadêmico*, sendo porém *aleatória do ponto de vista racial*. Essa escolha se deu porque considerei que as discussões desenvolvidas nesta obra requerem a seleção minuciosa de um conjunto de bolsistas de elevado rendimento acadêmico, para que não reste dúvida quanto à qualidade da sua formação profissional.

Dessa maneira, os critérios para a seleção da amostra têm no coeficiente de rendimento acumulado, obtido pelo estudante ao longo da sua formação, seu instrumento principal. É importante saber que o Coeficiente de Rendimento (CR) é o principal instrumento de avaliação do desempenho escolar de qualquer estudante da universidade a cada período letivo. O Coeficiente de Rendimento Acumulado (CRA) corresponde à média ponderada das notas obtidas pelo aluno nas disciplinas cursadas durante sua permanência na universidade, tendo o número de créditos cursados como fator de ponderação. No âmbito da academia, o CR é utilizado para determinar posições, atribuições e oportunidades abertas aos estudantes, tais como: renovação da matrícula para obtenção de vagas em disciplinas/turmas; escolha da opção pela habilitação; autorização para mudança de curso; conquista de monitorias; concessão e/ou manutenção de bolsas de desempenho acadêmico, de iniciação científica e/ou participação em pesquisas em órgãos interdisciplinares da universidade ou ligadas aos projetos de professores, além das indicações para os estágios. Assim, quanto maior for o CR do aluno, mais bem situado ele estará na vida acadêmica, cuja estrutura é bastante competitiva. Por tudo isso, a importância intrínseca – além de simbólica – do CR está no reconhecimento e na valorização do estudante como indivíduo capaz de exercer funções e de ocupar determinadas posições na academia e fora dela.

Por todas essas razões, a importância atribuída ao CR neste trabalho, como indicador principal da qualidade da vida acadêmica dos bolsistas, está ligada ao reconhecimento da existência de estruturas de distinção e prestígio no espaço acadêmico. Vale lembrar, no entanto, que elas são também ideológicas e por vezes sustentam-se em relações de poder e redes de solidariedade às quais os indivíduos das populações pobre e/ou negra muitas vezes não têm acesso. Ainda assim, o CR é o instrumento pelo qual se pode determinar "objetivamente" quem são os estudantes com maior "mérito acadêmico", ou seja, ele permite discutir os aspectos pertinentes aos capitais culturais e sociais adquiridos pelo bolsista na sua passagem pela universidade – que, supostamente, ele estaria levando para a vida profissional.

Realizada com o intuito de identificar bolsistas "acima da média" dos diversos cursos da PUC-Rio, a pesquisa permitiu perceber que, ao contrário do que muitas vezes se supõe, o desempenho acadêmico dos bolsistas esteve "acima da média" dos departamentos em 51,6% dos casos; "na média" em 40,6%; e "abaixo da média" apenas em 7,8% dos bolsistas formados. O CR médio geral desses bolsistas, quando comparado ao CR médio geral dos cursos, é superior em 41 pontos decimais (7,76 e 7,35, respectivamente), embora, quando comparado ao CR médio geral dos estudantes ingressados, seja 11 pontos decimais mais baixo (7,87 e 7,76, respectivamente). Esses dados quantitativos nos permitem afirmar que, até aqui, o impacto das ações afirmativas da PUC-Rio é muito mais relevante dos pontos de vista social e racial do que estritamente acadêmico, posto que o desempenho acadêmico dos bolsistas, como mostram as estatísticas, desmonta a hipótese de desqualificação dos programas acadêmicos. É igualmente verdade que há ainda um conjunto de 14 outros departamentos da PUC-Rio nos quais, até 1999, os bolsistas não haviam conseguido ingressar, e outros dez departamentos nos quais, embora eles estejam representados, sua presença não chega a 5% do conjunto dos estudantes. Ou seja, há muito ainda para ser conquistado.

Demograficamente falando, os 347 bolsistas correspondem a apenas 4,52% dos 7.675 estudantes ingressados nos 17 departamentos da PUC-Rio no período. No que se refere ao gênero, há um desequilíbrio importante na população de bolsistas sobre o qual caberia refletir, contando-se sete mulheres para cada três homens. O ingresso dessa "nova" população na PUC-Rio, indiscutivelmente portadora de capitais social e cultural menos poderosos nesse ambiente, embora não tenha representado uma menor qualidade de ensino certamente obrigou grandes esforço pessoal dos bolsistas para preencher lacunas e vencer obstáculos. Quem sabe por aí se comecem as explicar as diferenças de gênero. Fica aqui colocada a discussão sobre "baixar a cabeça" como uma pista deixada por uma das profissionais entrevistadas.

Como já disse, imaginei selecionar uma amostra de indivíduos para as entrevistas composta aproximadamente de 10% da população estudada (39 indivíduos), com representações de bolsistas dos 17 departamentos, bem como diversas categorias de "qualidade" de vida acadêmica. Minha ideia inicial era a de pensar a inclusão na esfera do trabalho à luz das diferenças de capital cultural, com base na referência de "mérito acadêmico". Essa "amostra imaginada" estava concebida com: 27 bolsistas "acima da média", seis "na média" e seis "abaixo da média".

Os indivíduos entrevistados foram selecionados com base em seus CRs, como critério de desempenho acadêmico e tomando-se em conta a sua distribuição pelos vários cursos da PUC-Rio. Minha preocupação inicial foi a de verificar estatisticamente a representatividade dessa "amostra imaginada" em relação à população total dos bolsistas formados, no que se refere à representação nos cursos mais procurados da PUC-Rio, gênero e região de origem.

Observei que a amostra mantinha as proporções de gênero e local de origem, com variações pontuais menores que 10%, ou seja, a amostra era bastante representativa da população, demograficamente falando. No que se refere aos cursos mais procurados, no entanto, a amostra excedia em quase 25 pontos percentuais a representação dos bolsistas na população total, indicando uma concentração dos bolsistas "acima da média" nos cursos mais procurados da universidade.

No entanto, os dados para contatos com os egressos de que a PUC-Rio dispõe não permitiram localizar boa parte desses indivíduos. Por intermédio de correspondências e contatos telefônicos obtive respostas efetivas apenas de um terço deles, sendo possível consolidar somente o que chamei de "amostra realizada". Esta está composta por 14 bolsistas, representando dez cursos regulares da PUC-Rio, dos quais 12 pertenciam à "amostra imaginada" e dois outros foram posteriormente incluídos. Cabe esclarecer que a inclusão desses dois novos indivíduos se deu pelo fato de eles serem oriundos das camadas populares e membros dos pré-vestibulares comunitários e populares em rede, mas por trabalharem na universidade passaram de bolsistas de ação social a funcionários da PUC--Rio, não constando, por essa razão, da listagem inicial na qual baseei a primeira parte do trabalho.

Assim como fiz com a "amostra imaginada", procurei verificar estatisticamente a representatividade dela em relação à população total dos bolsistas formados. Em termos de gênero, as proporções variaram menos de 10%. Quanto à representação nos cursos mais procurados da PUC-Rio, a distribuição da "amostra realizada" se aproximou bastante mais da população total, variando menos de dez pontos percentuais em relação a esta. No que se refere ao desempenho acadêmico, os indivíduos da "amostra realizada" compõem um conjunto que representa quase fielmente a proporção de bolsistas classificados como "acima da média" e "na média" na população total, com uma variação de menos de 1% em relação a esta. Finalmente, no que concerne à região urbana de origem, a representação da Baixada Fluminense se fez muito mais expressiva, excedendo em cerca de 25 pontos percentuais a sua representação na população total.

Esses aspectos me permitem afirmar que a "amostra realizada" se aproxima muito da realidade da população total dos bolsistas no que se refere a gênero, representação nos cursos e desempenho acadêmico dos bolsistas formados da PUC-Rio. Além disso, por concentrar um número maior de indivíduos provenientes da Baixada Fluminense, uma região urbana com 56,79% de população negra, é de esperar que essa seja uma amostra "mais negra" que a média dos estudantes bolsistas da PUC-Rio, cuja proporção racial é de aproximadamente 46% de negros. Essa hipótese se confirmou no momento das entrevistas, posto que dez dos 14 entrevistados se autoidentificaram como "negros".

O *locus* de origem

Uma leitura das regiões urbanas de origem da população estudada revela que, dos 347 alunos bolsistas formados, mais de três quartos (76,94%, excetuados os bairros do Centro e Zona Sul) residem em bairros ou municípios distantes do *campus* da PUC-Rio. Por força da própria política de ação social implementada pela universidade, trata-se certamente de uma população pobre, como os Índices de Desenvolvimento Humano dessas regiões confirmam. Além disso, são também regiões de origem de uma população que é majoritariamente negra. Procuro aqui sustentar com evidências documentais o argumento de que, ao conceber uma política de ação social para a inclusão dos indivíduos da população pobre no ensino superior, a PUC-Rio acabou por desenvolver uma política de ação afirmativa também para a população negra.

É importante lembrar que o Índice de Desenvolvimento Humano,[11] usado desde 1993 pelo Programa de Desenvolvimento das Nações Unidas, adota três indicadores como critério para a classificação das populações: IDH-E, de educação (alfabetização e taxa de matrícula); IDH-L, de longevidade (esperança de vida ao nascer); e IDH-R, de renda (PIB *per capita*). Trata-se de um instrumento padronizado de medida comparativa da qualidade de vida da população cujos valores vão de *zero* (nenhum desenvolvimento humano) a *um* (desenvolvimento humano total). IDH menor ou igual a 0,499 indica desenvolvimento humano "baixo"; entre 0,500 e 0,799, "médio"; e maior ou igual a 0,800, "alto".

Para a avaliação do indicador de *educação*, o cálculo do IDH-E municipal considera dois elementos com pesos diferentes: a taxa de alfabetização das pessoas acima de 15 anos de idade – com peso dois – e a taxa bruta de matriculados – com peso um. Os indivíduos maiores de 15 anos capazes de ler e escrever um bilhete simples são considerados adultos alfabetizados. A taxa bruta de matrícula é o resultado do somatório dos indivíduos entre 7 e 22 anos de idade que frequentam o ensino fundamental, médio ou superior. Estão também incluídos nessa conta, indiscriminadamente, estudantes de cursos supletivos, de classes de aceleração e de pós-graduação. Apenas as classes especiais de alfabetização são descartadas para efeito do cálculo.

Para a avaliação do indicador de *renda*, IDH-R, o critério usado é a renda municipal *per capita*, ou seja, a renda média de cada residente no município. Para se chegar a esse valor, soma-se a renda de todos os

---

11. Os dados e explicações sobre o IDH discutidos nesta seção foram obtidos em: <http://pt.wikipedia.org/wiki/IDH>. Acessado em 24/5/2006>.

residentes e divide-se o resultado pelo número deles, inclusive crianças e pessoas com renda igual a zero.

Como já foi visto anteriormente, dos 347 bolsistas formados da PUC-Rio, 34% são oriundos da Baixada Fluminense – segunda região mais populosa do estado, com mais de 3 milhões de habitantes, só sendo superada pela sua capital, Rio de Janeiro. A Baixada Fluminense é formada por 14 municípios, dentre os quais a PUC-Rio formou bolsistas de Belford Roxo, Duque de Caxias, Nilópolis, Nova Iguaçu, Queimados e São João de Meriti. No seu conjunto, a região tem IDH de 0,703, IDH-R de 0,632 e IDH-E de 0,817. Em resumo, uma região cuja qualidade de vida da população é considerada "média", porém com um patamar educacional visto como "alto".

Vale ressaltar que o fato de parte considerável da população conseguir ler ou escrever um bilhete simples, ou que os menores de 22 anos estejam matriculados em alguma instituição educacional – provavelmente de ensino fundamental ou médio, dado o número reduzido de instituições de ensino superior na região –, um IDH-E "alto", não significa que a oferta de oportunidades de educação ali presentes possa ser considerada "alta", pelo menos não em termos de qualidade acadêmica ou nível educacional. Por outro lado, tais indicadores nos permitem assumir que, posto que do ponto de vista da renda a região apareça como "mediana", o fato de ela ter um IDH-E "alto" sugere a existência de uma forte "demanda reprimida" de oportunidades educacionais e de trabalho que ajudam a superar uma realidade econômica não condizente com a escolaridade de seus membros. Em outras palavras, para a população da Baixada Fluminense o "alto" IDH-E não se converte em renda, sugerindo que a inserção desses indivíduos na esfera de trabalho se dá em posições subalternas e, consequentemente, de baixa remuneração. Se considerarmos a questão da distribuição racial na região, composta por 56,79% de negros, a relação entre pobreza e raça começa a apresentar alguma concretude.

Na população de bolsistas da PUC-Rio, outros 20,17% são provenientes da Zona Norte da cidade do Rio de Janeiro.[12] Oriundos dos bairros Riachuelo, Maria da Graça, Méier, Pavuna, Vilar dos Teles, Pilares e Tijuca, os bolsistas da Zona Norte vêm da segunda região mais populosa do município (IBGE, 2000). A Zona Norte tem um IDH de 0,810, no qual o IDH-R é de 0,739 e o IDH-E, de 0,929. Com um indicador de educação extremamente "alto", comparado com um indicador de renda "mediano", a relação entre escolaridade e renda na Zona Norte parece repetir o padrão observado na Baixada Fluminense.

Os bolsistas provenientes da Zona Oeste da cidade correspondem a 18,15% da população total de bolsistas formados da PUC-Rio. As três regiões que compõem a Zona Oeste – Bangu, Barra da Tijuca e Campo Grande – têm como característica comparável o seu baixo adensamento populacional. Bangu apresenta um IDH de 0,805, IDH-R de 0,736 e IDH-E de 0,930. A Barra da Tijuca tem um IDH de 0,855, IDH-R de 0,880 e IDH-E de 0,907. Campo Grande tem um IDH de 0,766, IDH-R de 0,690 e IDH-E de 0,900. Observa-se que a Barra da Tijuca é bem diferente das duas outras regiões que conformam a Zona Oeste, apresentando valores "altos" para renda e escolaridade. Embora certamente apresente "bolsões de pobreza" internos, como a Cidade de Deus, a região pode ser considerada uma área urbana de "alta" qualidade de vida. Nas outras duas regiões da Zona Oeste, observa-se um patamar de renda "médio" para ofertas de educação "altas", ou seja, situações comparáveis às da Baixada Fluminense e da Zona Norte.

A população dos bolsistas formados da PUC-Rio compõe-se ainda de 18,44% de indivíduos provenientes da Zona Sul e de 4,61% do

---

12. Os dados concernentes aos bairros da cidade do Rio de Janeiro aqui citados, como IDH, população, renda e outros, estão disponíveis em: <http://www.rio.rj.gov.br/planoestrategico/>. Acessado em 28/6/2006.

Centro da cidade. A Zona Sul apresenta um IDH de 0,929, IDH-R de 0,957 e IDH-E de 0,971. É importante lembrar que, embora sejam compostos majoritariamente por uma população de classe média e média alta, os diversos bairros da Zona Sul são habitados por muitos pobres, moradores das favelas localizadas nesses bairros, tornando a situação da Zona Sul bastante comparável à da Barra da Tijuca.

Por outro lado, o Centro da cidade tem IDH de 0,829, IDH-R de 0,786 e IDH-E de 0,918, situação comparável às da Baixada Fluminense, da Zona Norte e de algumas regiões da Zona Oeste da cidade, *loci* de origem da imensa maioria dos bolsistas da PUC-Rio (76,94%). Vale lembrar que não se dispõe de estudos de distribuição racial nos bairros ou regiões da cidade do Rio de Janeiro e que o percentual de 40,23% de população negra para todo o município não leva em consideração as concentrações raciais em determinadas regiões do município, invisibilizando a questão racial.

As informações sobre os *loci* de origem dos bolsistas formados da PUC-Rio ilustram que as distâncias geográficas, as lacunas educacionais, as desigualdades econômicas e as diferenças sociais ou raciais foram, ou têm sido, empecilhos para os bolsistas da universidade que buscam a superação de uma realidade perversa de desigualdade social e racial – por mais que as estatísticas e os indicadores mascarem realidades ou invisibilizem populações.

O *locus* na PUC

Ao me aproximar, ainda que de forma oblíqua, dos *loci* de origem dos bolsistas formados da PUC-Rio, fizeram-se mais claras as distâncias sociais, culturais e raciais existentes entre esses estudantes e a própria universidade no momento do seu ingresso. Discutir os *loci* deles na PUC-Rio permite considerar os capitais cultural e social que eles levariam na bagagem depois de formados.

Quanto a isso, o dado mais interessante é o da distribuição dos bolsistas na hierarquia dos cursos "mais procurados" da PUC-Rio. De início, o fato que mais me chamou a atenção foi a presença de cerca de 25% dos bolsistas nos cursos "mais procurados" da universidade, ou seja, de maior prestígio, ao contrário do que as lacunas acadêmicas e de capital cultural poderiam fazer supor. É bom lembrar que estou considerando como "mais procurados" aqueles cursos cuja relação candidato/vaga seja maior ou igual a três. Estudar em um dos prestigiosos cursos da PUC-Rio, tais como Direito, Comunicação Social, Economia ou Administração, é um privilégio almejado pelos próprios membros da elite social e econômica da cidade, posto que a partir desses *loci* boas oportunidades na esfera do trabalho se potencializam.

Por outro lado, no *habitus* cultural da sociedade brasileira, algumas profissões, especialmente aquelas ligadas às áreas das ciências humanas e sociais, ou mesmo às ditas "ciências sociais aplicadas", são pouco valorizadas – e, o que é mais grave, bem mais mal remuneradas. Daí decorre, muitas vezes, que estas sejam carreiras "pouco procuradas" na hora da escolha profissional. Esse aspecto é deveras relevante para esta obra, pois é sabido que ser formado na PUC-Rio em Direito, Comunicação Social, Economia ou Administração é diferente de ser formado pela mesma universidade em, digamos, Serviço Social, Sociologia, História, Geografia ou Pedagogia, áreas disciplinares da universidade que recebem quase três quartos dos bolsistas. E isso vale para os negros e os brancos.

É importante lembrar que alguns estudantes mais carentes, por reconhecerem suas lacunas acadêmicas no momento do ingresso, optam inicialmente pelos cursos "menos procurados", contando com a possibilidade de ser transferidos mais tarde para os cursos mais prestigiados com base em seu bom desempenho acadêmico (naturalmente a ser confirmado). Porém, também é necessário lembrar que as escolhas de cada indivíduo, entre elas a escolha profissional, têm a ver com os universos familiar, educacional e comunitário deste, ou seja, com a sua socialização. Decorre daí que a escolha profissional não seja exclusivamente determinada pela perspectiva de uma inserção "prestigiosa" e bem remunerada no mercado.

Entendo que as prioridades dos indivíduos carentes estão principalmente ligadas à melhoria da qualidade de vida dos seus familiares e da sua comunidade. É verdade que isso implica escolhas profissionais cuja remuneração seja convincente, mas também é verdade que muitas vezes busca-se uma formação que forneça instrumentos para enfrentar as desigualdades sociais vivenciadas no cotidiano do seu *locus* de origem. Isso é particularmente verdadeiro para os indivíduos comprometidos com as lutas dos movimentos sociais contemporâneos. Não surpreende, assim, que tantos intelectuais negros optem por carreiras nas áreas das ciências sociais da PUC-Rio. Além de permitir rever concepções preconceituosas sobre certas profissões e posições ocupadas por determinados segmentos sociais, esse argumento implica que a universidade seja mais sensível às demandas acadêmicas dos representantes dos movimentos sociais que começam a fazer parte do seu corpo discente.

Capítulo 5

O que faz com que sejamos melhores hoje?

Houve uma divisão na minha vida na época em que entrei no pré-vestibular, porque eu ganhei consciência [...] faltava isso na minha vida, alguém ou um grupo que [...] me mostrasse por que eu me sentia excluída [...] Foi decisivo na minha vida, porque ali eu percebi que podia transformar alguma coisa [...] aquilo foi o que decidiu, na verdade, o que eu seria [...] meu papel ou minha missão, se é que a gente pode dizer que isso seja "missão na sociedade", seja em sala de aula, seja numa roda de amigos, ou mesmo na família [...] de certa forma, ficou aflorada em mim essa percepção de eu me sentir negra. Foi, na verdade, o que me fez ser melhor, hoje, como pessoa.

Ex-estudante da PUC-Rio. Bacharel em História (2001).
Rio de Janeiro, 24/3/2006.

Este capítulo visa conhecer, descrever e interpretar as percepções dos entrevistados sobre suas trajetórias individuais após a graduação na PUC-Rio, tanto no que se refere ao seu ingresso no mercado de trabalho como no que diz respeito ao impacto social que a sua passagem pela universidade teve para eles mesmos e para suas famílias e comunidades de origem. Além disso, busco conhecer a identidade racial dos entrevistados, partindo do critério de autoidentificação.

As entrevistas: 14 histórias de superação

Iniciei as entrevistas em fevereiro de 2005, em locais escolhidos pelos próprios entrevistados, de tal maneira que se apresentasse a oportunidade de estabelecer relações pessoais com cada um em sua casa ou local de trabalho. Com base em um questionário composto por 15 perguntas fechadas, que foi aplicado a todos eles, estabelecemos conversas que expuseram certos processos íntimos que, por ser muitas vezes inconscientes, eram pouco conhecidos pelos próprios entrevistados. Todas as entrevistas foram integralmente gravadas e transcritas, com a preocupação central de manter-me fiel ao que foi dito. Porém, para redigir este capítulo, retifiquei expressões coloquiais, suprimi repetições desnecessárias e pontuei as sentenças de acordo com a minha percepção da ênfase empregada na fala – tudo isso com o objetivo de que as citações ficassem mais claras para o leitor. Durante as entrevistas, no entanto, preferi não intervir e me limitei a anotar e identificar alguns simbolismos presentes.

Cabe lembrar que, no que se refere à questão racial, utilizei como critério a autoidentificação – que, por ser muitas vezes mais subjetiva do que objetiva, permite que o entrevistado reconheça sua forma de pertencimento a determinado grupo racial na sociedade em que vive. Foi com base nessa definição que cada entrevistado expressou sua percepção sobre a presença (ou ausência) do "racismo" no mercado de trabalho.

O processo de interação face a face permite compreender melhor como as ideologias dominantes, refletidas e reforçadas pelos diferentes tipos de discurso a que as pessoas estão expostas, estruturam as instituições e moldam a vida cotidiana das pessoas. É necessário ouvir não apenas o que as pessoas dizem sobre a vida concreta, mas também "como" elas falam sobre o tema. A utilização de relatos pessoais oferece ao pesquisador a possibilidade de conhecer não apenas os fatos, mas também a experiência emocional de seus sujeitos a esse respeito. Ao falar, as pessoas articulam suas experiências e refletem sobre o significado dessas experiências para si próprias e para os outros. Desse modo, pode-se obter um quadro mais amplo de como o entrevistado se percebe no mundo, de como e a que ele atribui valor e do significado particular por ele atribuído às suas ações e ao seu lugar no mundo.

Vale ressaltar que o relato autobiográfico permite que a trajetória de vida de cada ator social seja reinterpretada com base em sua condição atual, como projeção do seu passado. Assim é possível apreender em que condições e posições esses profissionais foram absorvidos no mercado de trabalho, assim como analisar o impacto e a transformação que tal formação teve em sua vida material, em suas relações familiares e comunitárias. Significa também uma oportunidade de examinar, em âmbito microssocial, uma realidade percebida quase exclusivamente em estudos macrossociais, como é o caso da discriminação contra a população negra na esfera do trabalho.

Mesmo reconhecendo que ainda há muito a ser feito para superar o abismo das desigualdades social e racial no Brasil, acredito que um importante primeiro passo foi dado 13 anos atrás pelo PVNC em parceria com a PUC-Rio. Depois disso, ocorreram transformações e surgiram novas demandas – tanto na universidade como nas comunidades de origem da população pesquisada. Reconhecer esse fato é reconhecer também os créditos de autoria e os valores, culturais e simbólicos, das importantes transformações ocorridas no seio da "sociedade civil" brasileira nas duas últimas décadas.

O momento das entrevistas se configurou como um reencontro de antigos amigos e o começo de novas amizades. Estar frente a frente com cada um dos entrevistados, na dupla condição de pesquisador e companheiro de luta, deu-me acesso a uma linguagem de gestos, olhares, sorrisos e silenciamentos que falavam de tensões e angústias, mas também de orgulhos e prazeres decorrentes de muitas realizações.

A semelhança de minha trajetória de vida com a dos entrevistados facilitou substancialmente a realização das entrevistas. Nenhum deles se negou a encontrar-se comigo para responder às perguntas; ao contrário, todos atenderam de pronto ao meu convite, colocando-se sempre à disposição. Creio que por esse motivo não ocorreu aquilo que Bourdieu (1998) chama de "violência simbólica" na relação do entrevistado com o entrevistador, a qual "acontece toda vez que o pesquisador ocupa uma posição superior ao pesquisado na hierarquia das diferentes espécies de capital, especialmente do capital cultural" (Bourdieu 1998, p. 695).

Essa identidade de trajetórias assegurou a tranquilidade da realização das entrevistas, por meio da qual pude oferecer uma escuta atenta, garantida pela "proximidade social" e, muitas vezes, "racial" que mantenho com os entrevistados. Para Bourdieu,

> A proximidade social e a familiaridade asseguram efetivamente duas condições principais de uma comunicação "não violenta". De um lado, quando o interrogador está socialmente muito próximo daquele que ele interroga, ele lhe dá, por sua permutabilidade com ele, garantias contra a ameaça de ver suas razões subjetivas reduzidas a causas objetivas; suas escolhas vividas como livres, reduzidas aos determinismos objetivos revelados pela análise. Por outro, encontra-se também assegurado neste caso um acordo imediato e continuamente confirmado sobre os pressupostos concernentes aos conteúdos e às formas da comunicação: esse acordo se afirma na emissão apropriada, sempre difícil de ser produzida de maneira consciente intencional, de todos os sinais não verbais, coordenados com sinais verbais, que indicam quer com tal o qual enunciado deve ser interpretado, quer como ele foi interpretado pelo interlocutor. (Bourdieu, 1998, p. 697)

Protegido pelo meu passado e pela minha "raça" do risco de impor uma comunicação violenta aos meus entrevistados, desenvolvi com tranquilidade o trabalho de conhecer suas histórias de vida.

Dos 14 indivíduos entrevistados, seis estão hoje completando sua formação profissional em programas de pós-graduação acadêmicos – mestrado ou doutorado – e três deles o fazem em cursos de especialização. Os outros cinco não estão na pós-graduação.

Quanto à autodefinição racial, de início cabe salientar que nenhum dos questionou – ou se opôs à – a utilização do conceito de "raça" na formulação da pergunta, o que interpreto como indicador da aceitação generalizada da pertinência da reflexão racial, e não apenas econômica, sobre os bolsistas da PUC-Rio. Dez entrevistados se percebem como pertencentes à "raça negra", um se declara "branco", um se declara "moreno" e dois não se definem em termos raciais.

No que se refere à percepção de "racismo" no mercado de trabalho, independentemente das dissimulações e sutilezas presentes nas suas relações, as respostas obtidas indicam que sete entrevistados declararam não perceber a existência de "racismo" em relação a si mesmos, embora três deles declarem tê-lo percebido nas relações de outras pessoas. Os outros sete declararam que sofreram manifestações de "racismo" no trabalho, fosse direta ou indiretamente.

Em relação ao ingresso no mercado de trabalho, nove entrevistados trabalham na sua área de formação desde o tempo da faculdade, enquanto cinco ingressaram em sua área de capacitação específica apenas mais recentemente.

Do ponto de vista da posição profissional ocupada, 11 entrevistados afirmam atuar em posições condizentes com sua formação, mas entre eles apenas oito afirmam receber salário compatível com a sua função quando comparado com os dos demais trabalhadores de mesma posição, experiência e "capital cultural" na empresa onde atuam. Para esses oito indivíduos não se pode falar de práticas discriminatórias do ponto de vista da posição ocupada nem da remuneração recebida. Os outros três entrevistados afirmam não ter um salário compatível com a posição ocupada, utilizando-se do mesmo critério de referência salarial. Para eles, que estão empregados em posições condizentes com sua formação, é possível falar de uma "discriminação salarial". Finalmente, três dos entrevistados afirmam que sua atual condição profissional ou salarial não condiz com sua formação.

Do ponto de vista dos tipos de empresa ou empregador para os quais trabalham os entrevistados, a pesquisa mostrou que quatro deles trabalham como funcionários efetivados do setor público, especificamente em escolas municipais ou estaduais; quatro atuam como funcionários de empresas privadas; dois têm contrato temporário ou são empregados terceirizados em empresas privadas; um é funcionário da PUC-Rio; dois são funcionários de organizações não governamentais e têm uma ONG própria.

Quanto à mobilidade social individual e familiar depois da passagem pela universidade, 12 dos entrevistados declararam que sua condição de vida material melhorou, contra apenas dois indivíduos cujas condições materiais de existência não melhoraram após a formatura. Independentemente da extensão dessa "melhora" percebida, as respostas apontam para a vivência de algum tipo de mobilidade social individual e familiar, tanto no âmbito econômico como nos âmbitos cultural e simbólico. Isso permite crer que a aquisição de "capital cultural" por parte dos entrevistados foi fundamental para a transformação do *habitus* familiar. Deve-se considerar que para alguns entrevistados a mobilidade é percebida, principalmente, pelo efeito multiplicador da sua trajetória entre os familiares mais próximos – em especial filhos, sobrinhos e irmãos mais jovens –, que passam a "sonhar" com e "investir" em melhores oportunidades. Ainda a respeito da mobilidade social, vale a pena observar os dados dos locais de moradia antes e depois da formatura. Estes permitem analisar a percepção de "melhora" nas condições materiais de existência dos entrevistados e refletir sobre "pertenças" e "identidades".

No que tange às relações dos entrevistados com suas comunidades de origem, as respostas obtidas indicam que nove deles sentem-se reconhecidos por seus pares. Todos, em algum momento, participaram de movimentos sociais em suas comunidades de origem. Destes, seis – todos provenientes do PVNC – têm se mantido ativos nesses movimentos atuando no pré-vestibular, em projetos sociais próprios etc., enquanto três – dois deles provenientes do PVNC – se declaram atualmente "afastados" dos movimentos sociais. Outros cinco entrevistados – dois deles provenientes do PVNC – não contribuem hoje, ou contribuíram no passado, com os movimentos sociais das suas comunidades de origem. A passagem pelo PVNC constitui um indicador importante do trabalho desse pré-vestibular popular em rede, que, como vimos, dedica atenção e tempo preciosos à disciplina Cultura e Cidadania no afã de contribuir para o processo de "afrocidadanização" nas comunidades onde atua.

Os entrevistados: uma amostra de "sucessos"

Comecei as entrevistas com uma profissional formada em Ciências Sociais em 2002 cujo ingresso na PUC-Rio se deu por intermédio do convênio com o PVNC. Encontramos-nos nas dependências da biblioteca central da PUC-Rio, no local destinado a estudos em grupo. Por estarmos no período de férias, pudemos conduzir a entrevista com certa tranquilidade.

Eu já a conhecia fazia algum tempo, porém não tínhamos uma amizade muito grande. Tal fato não serviu de impedimento – ao contrário, nos aproximou. Tal como fiz com todos os entrevistados, principiei por explicar rapidamente o tema e os objetivos da pesquisa, os critérios utilizados para a seleção do seu nome e os caminhos percorridos para encontrá-la. Sempre sorridente e de bom humor, suas respostas foram longas e firmes, muitas enfáticas em determinadas questões, principalmente nas referentes às relações raciais.

Caçula de cinco irmãos, órfã de pai e filha de mãe aposentada, ela foi a primeira da família a concluir um curso universitário. Seu irmão mais velho, deficiente visual, estudou Administração de Empresas em outra universidade particular do Rio de Janeiro, mas não conseguiu concluir o curso, trabalhando hoje como técnico. Ao falar desse irmão, a entrevistada demonstrou gratidão por seu apoio e influência na construção da sua carreira. Logo depois que entrou na PUC-Rio, a entrevistada conseguiu estimular outra irmã a buscar uma oportunidade de educação superior. Essa irmã estuda hoje em uma universidade pública do Rio de Janeiro.

Ao detalhar suas impressões sobre a passagem pela graduação, ela se mostra consciente das limitações e do condicionamento que a insuficiência de "capital cultural" primário impõem, no início da vida universitária, ao estudante proveniente das comunidades pobres – muitas vezes não por culpa deste, mas por imposição até do próprio currículo escolar transmitido a tais estudantes pelas escolas públicas do ensino médio. Assim, não se considera uma aluna "acima da média" – muito embora apresente um excelente CRA – devido, principalmente, à defasagem curricular entre o colégio público e o privado, segundo sua percepção ao entrar no ensino superior.

> A gente vem, infelizmente, de uma defasagem do ensino, do primário ao ensino médio. Então, no primeiro período das aulas, eu percebia a dificuldade no sentido de muitos autores comentados na sala pelos professores, eu às vezes nem tinha ouvido falar [...] alguns alunos na sala tinham estudado aqueles autores quando estavam no ensino médio [...] assim, eles têm um conhecimento amplo, conhecimento geral que a gente dessa escola pública, ou particular que não tem qualidade, na verdade não tem, porque o que a gente estuda ali é aquilo já pronto, mastigadinho. Eu ainda fiz formação geral, tive matemática, física, química, mas a grande maioria que eu percebia no pré-vestibular, que fez magistério

ou contabilidade, não via nada, não tinha aula de física, de química, não sabia o que era, chegou no pré-vestibular e levou aquele choque. (Entrevistada 1. Formada em Ciências Sociais em 2002. Rio de Janeiro, 16/12/2005)

Declara ter dificuldade de ingressar no mercado de trabalho na sua área de formação, tendo trabalhado durante algum tempo como secretária da presidência de um hospital. Também relata como obstáculo o fato de não participar de redes de sociabilidade – um dos aspectos do "capital social": "No nosso meio das ciências sociais, você tem que estar no meio das redes, estar no convívio para conseguir trabalho. Infelizmente é assim. Tem que ter indicação."

Hoje, trabalha em uma pesquisa sobre ações afirmativas nas universidades. Como durante as entrevistas as observações surgidas servem de apoio para que o entrevistador se veja também como indivíduo do processo, essa entrevista, por ser justamente a primeira, definiu os passos das posteriores. Partindo de algumas de suas observações, acrescentei não só outras questões ao questionário como me prontifiquei a notar detalhes, que espero expressar com clareza nas demais entrevistas.

A segunda entrevistada formou-se em Tecnologia em Processamento de Dados no ano 2000. Ela não ingressou na PUC por intermédio de um pré-vestibular comunitário ou popular em rede. Nosso contato deu-se, como nos outros casos, por carta enviada pelo correio. Ela entrou em contato comigo por *e-mail* logo depois de receber a carta e depois me ligou para agendarmos o encontro. Marcamos na empresa em ela que trabalha como funcionária terceirizada no setor de informática há quatro anos. Encontramo-nos nas dependências dessa empresa, no Centro da cidade do Rio de Janeiro, um pouco antes de iniciar o expediente. Como ela não era efetivada e não tinha autorização para me recepcionar no ambiente de trabalho, nos encaminhamos para o refeitório, onde ela pôde responder minhas perguntas com certa tranquilidade – muito embora em alguns momentos, em especial quando pessoas adentravam o recinto, ela tenha baixado o tom de voz, como se não quisesse ser ouvida por determinadas pessoas.

Mas estar no refeitório, um espaço "neutro", foi fundamental para que eu extraísse da entrevistada algumas das respostas que desejava, principalmente nas perguntas relacionadas com a mobilidade no emprego e a "raça". Ela mesma reconheceu que, se estivéssemos no local onde exerce suas atividades normais, talvez não respondesse às perguntas do jeito que queria e me pediria para pulá-las. Disse ainda que ela e sua família ficaram muito felizes com minha proposta de trabalho, pois conforme suas palavras "quase ninguém quer saber da gente e é muito importante quando alguém se preocupa com a nossa vida" (Entrevistada 2. Formada em Tecnologia em Processamento de Dados em 2000. Rio de Janeiro, 13/3/2006).

A entrevista transcorreu com certa tranquilidade e a entrevistada sorriu diversas vezes diante das perguntas realizadas. Porém, tais sorrisos não me pareceram comuns, nem mesmo de satisfação ou de alegria, mas carregados de certa angústia, dada a oportunidade de falar de sua condição social e do que observa em relação à sociedade como um todo. A entrevistada me pareceu ser uma dessas pessoas que têm muito a dizer, mas nenhuma oportunidade de fazê-lo. Ela é a filha mais velha de uma família pequena, composta somente por seu pai, sua mãe e uma irmã. Revela que em sua família, no que diz respeito à educação formal, seu pai estudou até a quarta série do ensino fundamental e sua mãe terminou o ensino fundamental estimulada pela entrada dela e da irmã na universidade. Declara que a irmã tem a mesma formação profissional que a sua, enfrentando os mesmos problemas em relação ao mercado de trabalho. Atualmente, ela trabalha como analista de sistemas, faz mestrado e tem como projeto futuro dar aulas, inclusive na PUC-Rio, onde observa a presença de pouquíssimos professores negros.

Esta é uma das entrevistadas que conseguiram ingressar no mercado de trabalho durante a graduação, por intermédio daquilo que a Entrevistada 1 apontou como fundamental para se conseguir emprego: uma rede de relacionamentos. Ela informa que ingressou de imediato no mercado de trabalho por indicação de um dos seus professores. Ao falar-me de sua percepção sobre sua vida acadêmica, afirma ter sido uma aluna acima da média, principalmente por ter já no primeiro período obtido um excelente desempenho, destacando o fato de, a partir do segundo período, ter começado a fazer monitoria e de ter permanecido nessa função por três períodos, na disciplina Lógica Matemática.

Mas tal desempenho não a impede de reconhecer as dificuldades que teve no decorrer do aprendizado. A exemplo da primeira entrevistada, fez sérias observações sobre a questão do currículo nos ensinos fundamental e médio e sobre o que é cobrado no vestibular para se ingressar nas universidades, exaltando o esforço individual que cada um de nós temos de fazer para superar tal defasagem. Em sua fala, percebe-se claramente que a questão da oportunidade de ingresso de negros e pobres no ensino superior, principalmente a partir da implementação das ações afirmativas no Brasil, é muito importante:

> Eu sou a favor das cotas porque sempre estudei em colégio público. Mesmo sendo a melhor aluna do colégio público, as matérias que davam eram... [deficientes?] No primeiro grau, tudo bem, mas quando chega no segundo grau já diferencia um pouquinho. Eu também tive um agravante maior porque fiz técnico. Eu fiz um segundo grau normal, de formação de professores, e depois fiz técnico em contabilidade. Isso é até uma coisa comum para o pessoal que mora na Zona Norte, Zona Oeste, porque a gente já tem aquela preocupação de começar a trabalhar [...] a gente faz o segundo grau técnico e depois faz outro, se for preciso, e a gente vai estudando [...] é até uma coisa comum. Só que quando chega

a hora da entrada na faculdade é uma coisa mais difícil a gente conseguir entrar, porque a matéria não está de acordo com o que é cobrado no vestibular. Então, eu concordo com essa parte de ter cota para a entrada para o vestibular, não só para negros, mas para quem veio do colégio público, porque é totalmente diferente. [...] A gente tem dificuldade na hora de entrar, sim, porque a matéria que é cobrada é totalmente diferente do que o que foi dado, mesmo você tendo se esforçado durante anos, é diferente. Só que depois que a gente entra (e eu não fui a única que foi bem nos cursos na faculdade) a gente se esforça, a gente se iguala ou tem o desempenho melhor do que quem veio de colégio particular, porque você começa a estudar uma coisa mais voltada para sua área. Então, a frase "as pessoas estão entrando, mas não têm base nenhuma" é mentira. [...] Depois a gente tem condições, de igual para igual, de estudar e conseguir ter um desempenho bom. (Entrevistada 2. Formada em Tecnologia em Processamento de Dados em 2000. Rio de Janeiro, 13/3/2006)

Como o pesquisador deve estar atento às contingências da pesquisa, depois dessa entrevista remodelei o questionário e incluí um item no qual cada entrevistado pudesse falar livremente sobre qualquer assunto relacionado ao tema, trazendo questões que não haviam sido imaginadas para o questionário. Esse item mostrou-se importante porque, por meio dele, outros temas vieram à tona, tais como a importância da estrutura oferecida pela PUC-Rio na vida acadêmica e pessoal dos entrevistados, bem como o significado simbólico da minha tese para eles.

A terceira entrevista foi a única realizada em uma residência, tendo ocorrido no bairro Parque Novo Rio, no município de São João de Meriti. Nosso primeiro contato se deu pelo telefone logo após o recebimento da carta-convite para a entrevista. Embora eu não a conhecesse, a entrevistada me recebeu com muita cordialidade. Em sua casa estavam presentes sua mãe, uma tia e um sobrinho, e mais tarde chegou seu filho, de cerca de cinco anos, vindo da escola. Formada em Direito em 1999, a entrevistada é filha única, tendo sido o único membro da família a frequentar a universidade. Como ocorreu com a segunda entrevistada, ela também não ingressou na PUC por intermédio do pré-vestibular, pois, formada em História, entrou na PUC-Rio como portadora de diploma de ensino superior. Inicialmente pensou poder pagar a universidade, mas depois de alguns meses de dificuldades financeiras recorreu à Vice-reitoria Comunitária, da qual obteve uma bolsa de ação social.

Ela é uma das profissionais que ainda não ingressaram no mercado de trabalho na profissão em que se formaram na PUC-Rio. Trabalha como professora de História da rede pública estadual e do município de Duque de Caxias, embora tenha começado a exercer paralelamente a advocacia. A entrevistada não entrou na profissão logo de início porque depois de formada engravidou e preferiu aguardar um pouco, e porque tem planos de prestar concursos públicos, para os quais está se preparando. Recentemente, no entanto, começou a exercer a advocacia para ajudar os vizinhos em causas locais. Ao analisar o seu desempenho acadêmico, percebe-se como uma aluna na média, que, embora tivesse feito "tudo direitinho", naturalmente teve dificuldades, que conseguiu superar com seriedade.

A quarta entrevista foi agendada pelo telefone após o recebimento da carta-convite, ocorrendo nas dependências do escritório da entrevistada. O escritório foi montado em sociedade com uma amiga, também formada pela PUC-Rio, no bairro de Jardim 25 de Agosto, Duque de Caxias, em 2005, cinco anos após a formatura. Localizado em frente à estação de trem, em um prédio modesto e pouco conservado, ele tem uma pequena sala com banheiro, dispondo de uma mesa, um computador e uma estante de ferro, onde ficam guardados livros e documentos. A modéstia do local revela a condição socioeconômica das advogadas e a dificuldade que os profissionais oriundos das camadas populares enfrentam no início da carreira. Formada em Direito em 2000, seu ingresso na PUC-Rio ocorreu por intermédio do PVNC. Ela fez parte da primeira turma do convênio da PUC-Rio com o esse curso pré-vestibular. Sua família é composta por sete irmãos; a mãe estudou até a terceira série e o pai, menos que isso. A irmã mais velha e o irmão mais novo frequentaram a universidade, sendo os demais operários e dona de casa. Muito atenciosa e particularmente simpática à pesquisa, em diversos momentos da conversa a entrevistada emocionou-se e conteve as lágrimas. O clima de emoção me levou a dar alguns depoimentos pessoais sobre os temas que apareciam na conversa, permitindo que a entrevistada desabafasse em relação à sua condição profissional. Mesmo tendo um escritório de advocacia montado, ela nos diz que não está satisfeita em trabalhar com Direito porque sua intenção sempre foi a de fazer concurso público para exercer uma atividade superior e, dessa forma, ajudar sua comunidade. Ela falou sobre o exercício de sua profissão na comunidade onde está estabelecida:

> Não estou menosprezando quem está advogando, mas eu gostaria de estar a serviço mais daquele povo de onde eu sou oriunda [...] e eu não me sinto bem aqui, porque é um escritório particular. Apesar de que é um escritório com característica social, porque a maioria de nossas ações a gente vai receber depois. Até porque eu estou num local muito pobre e as pessoas chegam aqui abandonadas pela sorte. Então, aqui, a gente acaba fazendo Serviço Social, porque na maioria das nossas ações não entra dinheiro. Entra dinheiro quando a gente ganha, no final do processo. A gente faz um contrato. Mas a maioria das nossas ações é dinheiro por vir. Se a gente pedir entrada, a gente não tem cliente. A maioria dos advogados não trabalha assim. Só que a gente tem uma formação da onde a gente veio e a gente estudou para isso. É com isso que eu não concordo, é

com isso que eu não me sinto bem. Eu estudei para ser uma promotora, uma defensora, uma juíza com esse olhar social. (Entrevistada 4. Formada em Direito em 2000. Duque de Caxias, 23/3/2006)

Dados o clima emocional e a angústia demonstrada pela entrevistada, essa entrevista me fez perceber que as limitações impostas pela deficiência de "capital social" e econômico são as principais dificuldades a ser superadas para a ascensão social dos negros da sociedade brasileira.

A quinta entrevistada é uma amiga fraterna que tive no tempo da graduação na PUC-Rio. Nosso encontro aconteceu nas dependências do Instituto de Filosofia e Ciências Sociais da UFRJ, no Centro da cidade do Rio de Janeiro. Sentados em uma das mesas do pilotis, mantivemos uma conversa longa e bem-humorada, na qual falamos sobre minha tese e sobre nossos projetos para o futuro. Encontrar-me com ela foi muito prazeroso, pois revivemos alguns dos momentos mais importantes da nossa vida na universidade, nos quais compartilhamos vivências alegres e tristes. Ela me disse que se encontrar comigo para a entrevista serviu de estímulo para que ela retomasse a ideia de voltar ao ambiente acadêmico. Talvez seja esta uma das "missões" desta obra: mostrar a esses indivíduos, pelo menos àqueles que estão afastados da vida acadêmica, a importância da sua presença nesse espaço, que foi conquistado a duras penas e com muita luta. Fazer ver que o espaço acadêmico não deixou de ser nosso depois que nos formamos, mas que precisamos ocupá-lo cada vez mais, não só estudando, mas também ensinando, pesquisando e trabalhando. Fazer ver que a universidade é também um espaço de formação da "cidadania" do qual devemos e podemos participar como coautores com outros grupos sociais, posto que, afinal de contas, a universidade também faz parte do mercado de trabalho.

Formada em História em 2000, quando fala de sua formação declara ter sido uma aluna na média, às vezes superando alguns dos companheiros de turma, mas nada além da normalidade. Informa que seu ingresso no mercado de trabalho foi um pouco complicado, o que a levou inicialmente a considerar que a opção pelo curso de História havia sido equivocada. Apesar desse início difícil, ela se diz muito feliz com a carreira que escolheu e, embora não tenha muito dinheiro, tem conseguido viver do fruto da sua formação. Trabalha atualmente em três escolas como professora de quinta série do ensino fundamental ao terceiro ano do ensino médio. Além disso, fez pós-graduação na Universidade Federal Fluminense (UFF) em "Raça, etnia e educação do negro no Brasil". Caçula de 11 irmãos, ela é a quinta pessoa da família a ter curso superior. A esse respeito, diz que em sua família "o germe de que tem que estudar para ser alguém na vida, no modo mais tradicional que é, acabou se firmando, acabou ficando meio como uma marca. Faculdade é essencial. É necessário e fundamental" (Entrevistada 5. Formada em História em 2001. Rio de Janeiro, 24/3/2006).

No futuro, pretende fazer mestrado e doutorado, e mesmo dizendo que quer continuar a estudar muito a entrevistada reconhece as limitações que lhe são impostas pela insuficiência de capital econômico para seguir em frente com seu sonho de retomar a vida acadêmica.

Professor do quadro extraordinário e coordenador adjunto de monografias no Departamento de Direito da PUC-Rio, o sexto entrevistado recebeu-me nas dependências do departamento onde trabalha. Por ser um frequentador assíduo da biblioteca da PUC-Rio, onde trabalho, eu já o conhecia antes, pois de certa forma acompanhei o seu crescimento acadêmico. Por isso, foi uma grata constatação ver seu nome incluído na lista dos selecionados pela amostra imaginada.

Nossa entrevista não durou muito tempo e suas respostas foram curtas e diretas. Em sua família ele e o irmão frequentaram a universidade. Ao falar de sua graduação, ele considera ter sido um aluno acima da média, especialmente porque durante sua trajetória acadêmica ocupou espaços na universidade em geral ocupados por alunos com outros perfis e pôde, em função disso, incluir-se no quadro docente da universidade após a graduação. Entre seus projetos de futuro está terminar o doutorado e continuar dando aulas na universidade. Sua entrada no mercado de trabalho ocorreu junto com a graduação.

Essa entrevista foi muito importante, como se verá depois, porque evidenciou diferenças na trajetória dos entrevistados, em especial no que se refere ao mercado de trabalho.

O sétimo entrevistado é formado em Administração desde 2003 e ingressou na PUC-Rio por intermédio do pré-vestibular popular do Colégio Teresiano, o curso Êxito. Trabalha como analista de marketing em uma empresa privada ligada aos ramos do petróleo e plástico, localizada em um condomínio empresarial de luxo na Barra da Tijuca, local onde aconteceu a entrevista. Encontramo-nos nas dependências da empresa e conversamos com tranquilidade em uma das salas de reunião. Proveniente de uma família pequena, ele e a irmã frequentaram a universidade. Hoje é casado e tem um filho. Ao analisar seu desempenho acadêmico, ele se diz um aluno acima da média porque sempre gostou de estudar e, dessa forma, sempre obteve boas notas.

Como veremos mais adiante, dessa entrevista pude extrair dados para estabelecer diferenças significativas sobre as formas de discriminação racial no mercado de trabalho.

A oitava entrevistada é formada em Serviço Social desde 2000. Começou fazendo estágios e por fim ingressou na empresa onde trabalha como assistente social na função de técnica, coordenando projetos ligados a movimentos sociais. Ela tem pós-graduação em "Planejamento urbano e métodos de pesquisa". Nosso encontro aconteceu nas dependências da empresa, na sala na qual ela trabalha. Estavam presentes outras quatro pessoas, todas brancas, mas isso não a impediu de responder a todas as questões com tranquilidade e bom humor.

Ao analisar seu desempenho acadêmico, ela afirma ter tido um aproveitamento regular, especialmente porque não pôde aproveitar o universo oferecido pela PUC-Rio. Na sua família, apenas ela e uma prima, também estudante da PUC-Rio, tiveram até agora a oportunidade de fazer faculdade. Segundo ela,

> depois que a gente conclui o curso, acha que deveria ter aproveitado mais. Mas o próprio histórico de vida não permite, não permitiu, pelo menos para mim, que eu aproveitasse mais. Então, para mim, foi tudo corrido, entrei na faculdade trabalhando, saí da faculdade trabalhando, ora em trabalhos formais, ora no estágio. Então [...] acho que [...] aproveitei o que foi possível aproveitar, a partir da minha estrutura. (Entrevistada 8. Formada em Serviço Social em 2000. Rio de Janeiro, 26/4/2006)

A nona entrevista foi um capítulo à parte. Primeira pessoa a ingressar na PUC-Rio por intermédio do convênio com os pré-vestibulares comunitários e populares em rede, em 1994, sua trajetória está marcada pela luta para incorporar a população negra nas universidades e por trabalhar de maneira efetiva para a melhoria da comunidade onde reside.

Nosso primeiro encontro aconteceu no prédio do Ministério da Educação, na cidade do Rio de Janeiro, onde a entrevistada teria uma reunião com diversos professores e coordenadores dos pré-vestibulares populares. Tratava-se do evento "Programa diversidade na universidade. Projetos inovadores de curso, PIC 2006", promovido pela Unesco em parceria com o MEC. Por intermédio dela, participei daquele evento não apenas acompanhando os debates, mas sobretudo observando a importância da liderança da entrevistada. O segundo encontro, agora especificamente para a entrevista, ocorreu no local onde ela trabalha. Foi a única entrevista realizada em um local de trabalho no interior da comunidade onde reside a entrevistada. Sua ONG está instalada em um modesto sobrado, com uma sala de aula, um sala de leitura e biblioteca, uma cozinha e sala para a coordenação. Nossa conversa ocorreu na cozinha, na qual pudemos desenvolver com tranquilidade nossa conversa, que durou um tempo razoável.

A entrevistada é formada em Letras desde 1998, tendo trabalhado durante a graduação no Departamento de Serviço Social da PUC-Rio, onde, depois de formada, permaneceu por mais três anos. Depois, trabalhou em algumas ONGs e hoje tem sua própria ONG. Filha única, órfã de mãe, ela é a única da família a passar pela universidade. Ao analisar seu desempenho acadêmico, afirma ter sido uma aluna normal, mas procurou sempre, para além do curso que fazia, levar a questão racial para a universidade. Nesse sentido, sempre esteve envolvida com os professores de Letras e de outros departamentos da PUC-Rio, procurando promover essa discussão na universidade, pois era uma das duas únicas estudantes negras da sua turma. Esse esforço continuou fora do ensino superior, com a criação de um curso pré-vestibular.

Nesse encontro tive a oportunidade de conhecer de perto a atuação da entrevistada em prol da comunidade. Foi muito significativo estar lá e constatar que o trabalho desenvolvido com aulas de pré-vestibular e educação de jovens e adultos, embora tenha cerca de dois anos, tem tremendo potencial para crescer ainda mais e tornar-se uma importante instituição.

A décima entrevista ocorreu nas dependências da biblioteca central da PUC-Rio, na sala destinada a estudos em grupo, na qual pudemos estabelecer uma conversa bastante agradável.

A entrevistada ingressou na PUC-Rio por intermédio do PVNC e é formada em Serviço Social desde 1999. Seu ingresso no mercado de trabalho também aconteceu durante a graduação, quando iniciou suas atividades na empresa onde trabalha como gerente de atendimento. É a segunda pessoa da família a ingressar na universidade – a irmã estuda Letras na PUC-Rio. Ao analisar seu desempenho acadêmico, ela se percebe como uma aluna na média dos estudantes de Serviço Social.

Atualmente, cursa o mestrado na PUC-Rio, onde deseja lecionar e depois fazer doutorado.

Conheci a décima entrevistada logo no início da sua trajetória na PUC-Rio, onde compartilhamos alguns momentos felizes e outros de muita apreensão em relação ao futuro. Quando ingressou na universidade, em 1996, ainda não estavam muito bem delineados e estabelecidos os programas de benefício que esta oferece hoje aos estudantes pobres, o que fez que muitas pessoas oriundas do PVNC, como ela, passassem por momentos difíceis. Seu sucesso profissional e acadêmico é uma evidência concreta da sua capacidade de luta e resistência.

A décima primeira entrevistada é também membro da primeira turma a ingressar na PUC-Rio pelo convênio com o PVNC. Bacharel em Letras desde 1998 e licenciada também em Letras desde 2001, ela tem exercido suas atividades profissionais na própria PUC-Rio, onde começou a trabalhar como estagiária, durante a graduação, no Núcleo de Estudos e Ação sobre o Menor (Neam), no qual trabalha até hoje como secretária. A mãe é professora aposentada, o pai é falecido e seu irmão mais velho não frequentou a universidade, trabalhando como vigia de uma refinaria em Duque de Caxias.

A décima segunda entrevista, por sua singularidade, é uma das mais significativas desta obra. Encontrei-me com a entrevistada nos bastidores da emissora de televisão na qual ela trabalha como âncora de telejornal. A entrevista ocorreu na antessala da sala de maquiagem, onde pudemos conversar tranquilamente. A entrevistada respondeu com segurança, simpatia e bom humor a todas as perguntas. Além disso, mantivemos uma conversa informal sobre alguns aspectos da sua profissão e do próprio movimento negro. Nessa conversa ficou clara sua consciência do seu papel social como ícone de resistência para a população negra.

Formada em Comunicação Social em 2001, ela é apresentadora do telejornal de caráter nacional que entra no ar às 22h, de segunda a sexta-feira. Seu ingresso na PUC-Rio também se deu por intermédio do PVNC. Quando fala de sua formação, declara ter sido uma estudante acima da média, não só por ter se empenhado bastante, lendo todos os textos recomendados, mas principalmente por ter tido um desempenho superior ao de alguns dos colegas de turma, da qual era a única negra. Seu ingresso no mercado de trabalho aconteceu de forma rápida e tranquila como estagiária, tendo ingressado no primeiro emprego depois de formada por meio de concurso. Depois trabalhou em dois outros canais de televisão por três anos. Foi convidada para trabalhar em uma emissora paulista até aceitar um convite para atuar na emissora onde atualmente exerce suas funções. Ela foi a primeira da família a entrar na faculdade, sendo seguida pela irmã. O efeito multiplicador do seu esforço é para ela a maior recompensa:

> Jamais se sonhava em entrar na universidade. Fui a primeira pessoa da minha família a entrar na universidade, de todos, por parte de pai, de mãe, e de todos os ancestrais, de tudo, enfim, de todos os escravos. Então, hoje não, hoje eu tenho, acho que quatro pessoas na universidade, e quase todos da nova geração sonham [...] Isso não tem preço. (Entrevistada 12. Formada em Comunicação Social em 2001. Rio de Janeiro, 18/7/2006)

No futuro, ela deseja consolidar sua posição de apresentadora enquanto aprende mais sobre produção em vídeo. Porém, espera, em algum momento, mudar o centro da sua atividade para a produção de textos, imagino que para trabalhar com redação. Durante nosso encontro, no entanto, um acontecimento revelou bastante das relações raciais no seu ambiente de trabalho – e, quem sabe, algo mais sobre seu projeto de futuro. Logo depois que terminarmos a entrevista, ela me guiou pelos bastidores da emissora para me mostrar alguns setores. Quando chegamos ao setor de redação, no entanto, percebi um forte constrangimento da parte dela, pois as pessoas que lá estavam não deram a menor atenção ao esforço que ela fez de me apresentar a todos. A atitude de indiferença parece ter relação com uma invisibilidade imposta a determinadas pessoas em determinados ambientes, e bem pode ser que sejam essas as novas fronteiras que ela deseja atravessar. Por outro lado, quando chegamos ao estúdio onde ela grava o telejornal, fomos recebidos com muita deferência pelas pessoas ali presentes. Foi ali também que a entrevistada disse, ao me apresentar a uma colega da produção: "Veja como esta emissora tem muitos negros lindos trabalhando."

Ainda na linha das coisas não ditas, ou apenas sugeridas, no que se refere ao "racismo" no ambiente de trabalho, outro fato específico chamou minha atenção. Na porta de entrada da emissora, perguntei à entrevistada se há ali um estacionamento, ao que ela me respondeu positivamente. Perguntei-lhe então se ela estaciona seu carro ali, e ela retrucou que prefere pagar um estacionamento próximo dali. Indagada sobre seus motivos, ela afirmou ter tido uma discussão com um dos seguranças da emissora, que a havia tratado de forma discriminatória e preconceituosa. Por não desejar prejudicá-lo, ela não havia tomado qualquer atitude de retaliação. Prefere, assim, pagar o estacionamento para não se aborrecer, pois para apresentar o telejornal precisa "estar muito bem". Pela riqueza das respostas e das situações vividas, creio que essa entrevistada corresponde a uma das expressões mais bem-acabadas de uma trajetória de ascensão social dos negros oriundos do PVNC que passaram pela PUC-Rio. Acredito que ela pode ser considerada uma referência daquilo que procuro conhecer com esta obra.

A décima terceira entrevista foi realizada na área verde do *campus* da PUC-Rio, na qual pudemos estabelecer uma conversa longa e tranquila. Eu conhecia essa entrevistada desde seu ingresso na universidade. Também oriunda do PVNC, ela é formada em Letras desde 2001. Ao analisar seu desempenho acadêmico, considera-se uma estudante acima da média, sobretudo pelo esforço empreendido.

Do ponto de vista do trabalho, ela informa que ainda não conseguiu uma posição efetiva, mas vem trabalhando desde a graduação com uma bolsa de pesquisa na Casa de Rui Barbosa, tendo sido por cinco meses secretária do Decanato do Centro de Teologia e Ciências Humanas da PUC-Rio. Proveniente de uma família de cinco irmãos, somente ela ingressou na universidade. Como perspectiva de futuro, pretende continuar trabalhando com pesquisa. Faz doutorado em Letras e está ligada à Cátedra de Leitura da PUC-Rio.

A última entrevista aconteceu com um profissional formado em Geografia em 2001 que também ingressou na universidade por intermédio do PVNC. Quanto ao seu desempenho acadêmico, ele informa que foi um estudante acima da média, não só por ter obtido um CRA alto, o que lhe possibilitou conseguir bolsa de iniciação científica, mas porque a cobrança imposta aos estudantes do PVNC é muito grande. Entrou no mercado de trabalho por iniciativa de um dos professores do Departamento de Geografia, que identificou uma posição de professor em aberto em uma escola na Zona Oeste. Mais tarde, fez mestrado na UFF e hoje é professor universitário em faculdades particulares de Nova Friburgo e da cidade do Rio de Janeiro. No futuro, deseja fazer doutorado, em função da demanda do mercado de trabalho. Em sua família, composta por ele, seu irmão e sua mãe, somente ele fez universidade, mas o irmão está retomando os estudos. Nosso encontro aconteceu em um restaurante do Centro da cidade do Rio de Janeiro, no qual pudemos estabelecer uma conversa longa e prazerosa. Embora outros entrevistados o tivessem mencionado, eu ainda não o conhecia pessoalmente.

A dinâmica das autoidentificações raciais

Inquirir os entrevistados sobre sua condição racial foi um dos principais momentos da pesquisa. Até o início das entrevistas, eu não tinha certeza de que encontraria um número significativo de indivíduos pertencentes à população negra, pois, como já afirmei, não existiam na PUC-Rio documentos que me confirmassem tal condição. Foi depois de constatar que os entrevistados, em sua maioria, são negros, que pude levar à frente a confirmação ou não da minha hipótese.

Para a pergunta "Como você se define em termos de 'raça'?", obtive importantes e significativas respostas, muitas delas proferidas em discursos longos, cujo conteúdo traduz um simbolismo significativo. Também foi importante receber respostas com declarações definidas somente com a palavra "negro" – expressão da nítida consciência de quem responde sobre sua identidade racial positiva, que é externada em sua posição no mundo, em suas ações e atitudes. No entanto, é como se os entrevistados não precisassem afirmar sua cor. Esse "não precisa dizer" deve ser compreendido não como um silêncio em torno da questão, mas como uma afirmativa enfática de legitimação da própria identidade racial negra positiva, traduzida na trajetória e nas ações que não precisam de reconhecimento externo para ser legitimadas. Esse aspecto revelado no discurso dos entrevistados não deixa margem para dúvidas: antes de se perceber como "brancos virtuais", definem-se como "negros", de fato e de direito.

Essas afirmativas substanciais que legitimam a identidade racial negra remetem à questão da identidade racial como uma afroconsciência que constrói uma identidade com sentido de autoria, impondo uma transformação de paradigma em seu sentido e entendimento. Como bem mostrei, esse é o primeiro sentido do que estou chamando de afrocidadanização, seu primeiro alicerce. Esse é um aspecto importante e transformador que mostra bem o nível de conscientização. Com base no reconhecimento de pertencer a um grupo racial, os entrevistados, portadores de diploma do ensino superior – portanto, negros em processo de ascensão social – invertem de certa forma e dão novo sentido de futuro à proposição apresentada por Souza

(1983, p 70-73), quando esta afirma que a identidade do negro em ascensão coloca-o "em conflito com sua historicidade, dado que se vê obrigado a negar o passado e o presente: o passado, no que concerne à tradição e cultura negra, e o presente, no que tange à experiência da discriminação racial".

Como autores da própria identidade e agentes de seu destino, tais indivíduos não se baseiam mais em uma identidade forjada no "ideal de ego branco" (Souza, 1983)[13] para se sentir brancos virtuais e galgar melhores e maiores posições no mundo, mas baseiam-se em sua capacidade e nos valores positivos do grupo racial a que pertencem.

****

Como um dos protagonistas dessa história de "sucesso", eu não poderia furtar-me de explicitar o processo de construção de minha identidade racial. Minha trajetória passou por um longo processo de maturação e se estabeleceu de fato como identidade racial "negra" mais recentemente. Posso afirmar que passei pelas fases identificadas por Ferreira (2000). Eu tinha consciência da minha condição de negro desde a infância e a adolescência, mesmo tendo como referencial familiar um grupo de não negros por parte de mãe, mas nessa construção o referencial negro preponderou sobre o não negro. Cheguei a participar de grupos do movimento negro e até do próprio movimento *black power*, mas muito mais para dançar *soul music* do que como participação política.

---

13. Souza define "ideal de ego" como uma instância regida pelo signo da onipotência e marcada pelo registro do imaginário, caracterizando-se pela idealização maciça e pelo predomínio das representações fantásticas. Em seu estudo, caracteriza o negro que persegue o "ideal de ego branco" como aquele que nasce e sobrevive imerso numa ideologia que lhe é imposta pelo branco como ideal a ser atingido. A esse propósito afirma que, na construção de um "ideal de ego branco", a primeira regra básica que o negro se impõe é a negação, o expurgo de qualquer "mancha negra" (Souza, 1983, p. 34).

Naquele tempo, eu sabia das lutas empreendidas pelo movimento negro, mas não as considerava "minha luta". Ademais, não queria saber das questões ligadas aos negros, mesmo porque, olhando retrospectivamente, tinha em mim, talvez em decorrência de minha socialização, do meu *habitus* cultural primário – forjado tanto no interior de minha família como nas minhas relações –, injetada fortemente a ideologia do branqueamento, pois ouvia sempre que devíamos "clarear". Não sabia bem o que significava isso e, como transitava livremente pelos caminhos que desejava transitar, tudo que queria fazer fazia. Não me faltava emprego. Eu sempre trabalhava de auxiliar de alguma coisa, mas, querendo subir e conquistar meu sonho de me formar, julgava que as demandas do movimento negro eram radicais, não tinham muita relação com a minha vida. Porém, eu também não possuía "capital cultural" suficiente para seguir, faltava-me algo primordial: a formação e a informação necessária para atuar em instâncias superiores da sociedade.

A partir do momento em que ingressei na PUC-Rio, primeiro para trabalhar e depois como estudante, comecei a "tornar-me negro" em todos os sentidos. Passei a compreender aquilo que tinha me afastado do assunto até o momento, por acreditar serem questões alheias à minha pessoa, já que não percebia nas minhas relações sociais nada que me levasse a acreditar que a questão racial ajudava-me ou prejudicava-me – mesmo porque eu não percebia as formas sutis pelas quais o "racismo", em diversas formas de discriminação, atuava sobre a minha história.

A "saída da caverna" (Platão, 1997), em função de minha entrada no ensino superior, contribuiu para que o processo pelo qual as relações de poder atuam na identidade social do negro no Brasil se tornasse menos obscuro para mim. É inegável que a entrada na universidade opera um processo de mudança na maneira de perceber as relações sociais, especialmente as de poder, que incidem diretamente sobre as relações raciais. A partir de meu ingresso no ensino superior e, mais tarde, na pós-graduação, desenvolvi um processo consciente e, baseado nisso, construí diversas relações e produzi trabalhos tendo como norte meu pertencimento a esse segmento social específico. Isso permitiu que eu estabelecesse, desde então, em minhas relações sociais, uma relação baseada na alteridade, uma fase de articulação. Quero dizer com isso que, mais uma vez olhando para minha história de vida, em minhas relações sociais existia de forma inconsciente, baseado naquela socialização ideológica, um preconceito e uma discriminação enraizados em meu ser para com os meus pares, com influência direta em meus relacionamentos, em especial em relação à comunidade em que eu vivia.

Hoje posso dizer que me considero outra pessoa – uma pessoa melhor –, mas digo também que tal reconhecimento não me levou a discriminar meus pares ou os outros. Não fiquei parado na fase radical da militância; ao contrário, quando se tem plena consciência da existência de discriminações pode-se lutar contra elas, a favor da equidade de oportunidades, a favor da justiça social e de uma democracia ampla sem necessariamente empreender algum tipo de radicalismo e inverter o "racismo". Essa é também a essência do que chamo de "afrocidadanização".

Dito isso, posso afirmar que sou negro e tenho me posicionado no mundo com essa afroconsciência. Claro que não vejo em todas as minhas relações sociais, tanto públicas quanto privadas, um "racismo" atuante o tempo todo, mesmo porque suas sutilezas são por vezes imperceptíveis, mas reconheço sua existência em minha trajetória e tenho procurado superá-lo com atitudes e ações, sem deixar de seguir em frente.

O debate sobre o processo de identificação racial que se refira aos bolsistas de ação social formados na PUC-Rio requer que ressaltemos um aspecto *sui generis*: o fato de que a grande maioria é de estudantes provenientes dos pré-vestibulares comunitários e populares em rede. Isso, por si só, é importante porque se trata de cursos diferenciados que aglutinam em si também uma dimensão de movimento social, imprimindo discussões significativas que influenciam a construção ou a transformação de um "capital cultural" ou de um novo *habitus*. Em função disso, nesses cursos a ação político-pedagógica é empreendida de forma sistemática com uma grade curricular diferenciada, por meio de uma disciplina específica estabelecida para discutir as questões políticas, sociais e culturais da sociedade brasileira: Cultura e Cidadania.

A primeira entrevistada declara-se negra e ilustra sua resposta falando de diferença racial e dos problemas que a classificação social dos indivíduos baseada nessa diferença traz para a população negra. Sua resposta é longa, mas retrata o que tem sido percebido sobre as relações raciais no contexto sociocultural brasileiro. No decorrer de seu discurso, apresenta uma série de exemplos que retratam as categorias que abordamos quando falamos de racismo: a ideologia do embranquecimento, os estereótipos, a questão da autoestima e do fortalecimento da identidade racial negra por meio do reconhecimento da própria negritude. Em seu discurso aparecem as principais instâncias referenciais pelas quais a população negra tem sofrido os efeitos do racismo em nosso país.

> Eu me considero negra mesmo! Essa questão de "raça" tem sempre essa discussão. Ah, mas a gente não pode falar que existe diferença racial! Não existe diferença racial, biologicamente falando! Mas a gente sabe que é um termo mesmo político. A gente sabe que não há, biologicamente, uma diferença entre brancos e negros. Mas eles são tratados de forma diferente, e esse tratamento diferenciado, essa classificação, essa discriminação são cortados racialmente. Então as pessoas classificam, denominam de pessoas brancas, negras, mulatas e mestiças, entendeu? A gente sabe que no Brasil há uma infinidade de classificações [...] não

dá para você desconsiderar isso. Embora a gente saiba que alguns teóricos querem acabar com essa classificação, com esse termo, com esse conceito de "raça" [...], não dá para ser a favor disso! Porque a partir do momento em que eu classifico outra pessoa racialmente [...] eu discrimino, eu denomino. Não há forma de fugir disso. Eu me considero negra. (Entrevistada 1)

A importância do ambiente familiar, de um *habitus* primário formador da consciência de pertencer ao grupo racial negro com base em valores positivos, principalmente ligados ao papel da mãe, foi preponderante para que a entrevistada estabelecesse sua autoconfiança e fortalecesse sua autoestima desde a infância, para que não sofresse com os estigmas e estereótipos ligados a sua raça – em especial nos ambientes primários de socialização, como a escola:

> Eu sempre tive orgulho de ser negra, de ter a questão racial clara desde muito cedo. Na verdade, graças à minha família, à estrutura familiar. Fui criada dentro de uma família de negros que não discriminava os próprios negros, não eram negros racistas. A gente sabe que tem muito. Ouvir aquelas frases de que você tem que clarear a família... Lá em casa nunca teve isso. Isso também facilita a autoaceitação. Sua autoestima já fica mais elevada. Mas quando você é criada numa família de negros em que não existe autoestima, que escuta a mãe dizer "você tem que arrumar namorado branco para clarear a família", que tem que alisar o cabelo, afinar o nariz, a criança que nasce nesse ambiente, nessa família, com esses conceitos racistas [...] vai ter muita dificuldade na autoaceitação, e a autoestima dela vai ser sempre baixa. Então, por exemplo, até ela chegar a cuidar bem, a se orgulhar de si vai demorar muito mais tempo do que uma pessoa que vive em uma família na qual não existe isso. [...] Lá em casa a gente discutia muito essas coisas, meus pais nunca tiveram muito estudo, meu pai só teve o primário, minha mãe também.

> Minha mãe é semianalfabeta, ela lê com dificuldade, escreve também com dificuldade, [...] mas meu pai lia muito jornal, ele via noticiário, ele discutia política com meu irmão [...] eu nasci nesse ambiente de muita discussão até mesmo sobre o cotidiano. Minha mãe sempre falava aquela coisa de "nunca deixe as pessoas te humilharem em nenhum momento, não abaixe a cabeça para chorar igual a uma boba", se chegasse em casa chorando porque alguém falou alguma coisa, minha mãe brigava, ela não queria que eu fosse uma pessoa passiva e sim que eu respondesse à altura [...]. Nunca tive conflitos, como percebo em muita gente, de não me aceitar, de ter vergonha de ser assim. Assim, desde criança eu convivi com o "racismo", com a discriminação. (Entrevistada 1)

Os espaços de socialização, como o ambiente familiar e suas relações, não são por si sós suficientes para formar uma identidade racial negra positiva, pois a "vulnerabilidade subjetiva"[14] à qual é exposto o negro, por meio da representação negativa de sua imagem, está presente também em outras instâncias socializadoras e formadoras de *habitus* cultural na sociedade, como é o caso do sistema escolar. Para a entrevistada, a escola tem sido um local de reprodução da discriminação racial, em virtude de não estar preparada para falar sobre a diferença, incluindo alguns professores que só reproduzem o senso comum e não problematizam tal questão. Desta forma, desde a infância se produz baixa autoestima e desvalorização do negro. A esse propósito a entrevistada afirma:

> [...] eu gostava de participar de todos os eventos da escola: dança, gincana, e nas danças com par os meninos não queriam dançar comigo, então era aquela coisa de escolher, aí você consegue perceber. Eu lembro que meu sonho era ser a sinhazinha da quadrilha [dança folclórica específica

---

14. Sobre esse conceito, consulte Marco Antônio Chagas Guimarães (2001).

das festas juninas] e nunca consegui. Tinha um sonho de ser sinhazinha e nunca ninguém me escolhia. Era aquela decepção! Chegava em casa e chorava. É preciso mesmo ter uma estrutura familiar, porque essas coisas acontecem. Até que um ano ninguém queria dançar comigo e sobrou também um menino que ninguém queria dançar com ele. Ele era branco, mas tido como morador da favela, favelado, aí nós nos juntamos. Quando se tem nove, dez anos e não se consegue participar dessas brincadeiras marca muito, essa criança negra, essa criança que é discriminada por qualquer coisa, a gordinha também, então você vai sendo excluída dessas coisas, vai marcando sua infância e tem pessoas que são marcadas negativamente, ficam meio retraídas, se sentindo mesmo inferiores aos outros. É preciso refletir muito sobre isso. Na escola o professor tem o poder, tem que estar ligado nessas questões, refletir sobre elas, porque a grande maioria dos professores reproduz o racismo, reproduz todos esses ismos. Não tem essa consciência [...] Há ainda os livros didáticos, que mostram a diversidade da sociedade brasileira pela diferença na quantidade de filhos nas famílias e não trabalham naquele momento a diversidade da população brasileira, de colocar as famílias indígenas, negras, brancas [...] para que as crianças negras e indígenas se vejam ali no livro didático. E tem professor que só reproduz e pronto. (Entrevistada 1)

As representações sociais da imagem do negro no mundo do trabalho, que consequentemente impulsionam a discriminação, são outro tema presente em seu discurso. Tais representações sociais das profissões atribuem a determinado tipo de profissão um perfil racial específico.

Quando fiz a pergunta à entrevistada 2, inicialmente ela ficou um pouco constrangida; depois deu uma gargalhada e disse: "Eu poderia dizer que sou uma pessoa batalhadora, sempre tento fazer o melhor, às vezes a gente tem que ser o melhor para poder conseguir alguma coisa." Com essa resposta, ela revelou uma das facetas que caracterizam o racismo brasileiro: o recalque do silêncio, caracterizado pela acepção popular na qual racista é quem fala de "racismo" ou enuncia sua identidade racial, sendo a atitude não racista caracteriza pelo silêncio (Nascimento, 2004, p. 23). Depois que insisti na pergunta, ela respondeu:

> Negra! Minha família toda é, e a gente tem orgulho de ser. Às vezes as pessoas falam que não tem "racismo", mas é lógico que tem, mesmo quando as pessoas não querem ser, elas são. Às vezes a gente ouve uma frase ali, até aqui no trabalho mesmo, às vezes eu ouço algumas frases e [...] não é uma coisa contra mim, às vezes estão conversando e eu ouço frases racistas. Se você perguntar para as pessoas, elas falam que não são, e nem é uma coisa direta contra você, às vezes estão comentando de outra pessoa, de uma situação [...]. (Entrevistada 2)

Naquele momento, observei que a entrevistada tinha muito a dizer, mas sentia-se um pouco receosa e constrangida em fazê-lo. Isso se deu em diversas perguntas, em especial naquelas sobre suas percepções sobre racismo e discriminação nas relações trabalhistas. Assim, quando a deixei à vontade, ela passou a falar sobre diversos assuntos de maneira mais enfática, demonstrando seus sentimentos em relação à sua posição de mulher negra na sociedade brasileira.

O tema da identidade racial negra é muito forte na consciência da entrevistada 3, cujo entendimento sobre a questão decorre de sua trajetória de vida. À semelhança da primeira entrevistada, ela também tem marcadas fortemente em sua subjetividade as raízes e a positividade da descendência africana. Isso porque sua socialização se deu em um ambiente familiar favorável à sua construção identitária, dando-lhe um amplo entendimento do que significa pertencer em todos os sentidos à raça negra:

> Negra, absolutamente negra, e em todos os sentidos, quer dizer, eu sou negra de uma família baiana que é do candomblé. Então, a coisa da cul-

tura negra também é muito forte na minha vida. Eu sou do candomblé. Absolutamente negra, de pele e de cultura. (Entrevistada 3)

A entrevistada 5 declara ser uma afrodescendente que, aos poucos, foi se reconhecendo como tal, afirmando que o fato de ter reconhecido sua identidade racial negra positivamente a ajudou muito a crescer e a tornar-se uma pessoa melhor e mais próspera.

> Eu! Totalmente assim, aquela minha afrodescendência latente. Uma coisa que eu não conhecia e de certa forma, volto a dizer, transformou a minha vida mesmo. O fato de eu me conhecer, começar a perceber que faço parte de uma grande maioria que na verdade se torna minoria, na medida em que não consegue ter o mesmo tipo de posição, alcançar posições sociais amplas e mais prestigiosas. Assim, eu me defino como a afrodescendente entre tanto outros. Negra, valorizo em sala de aula, embora, muitas vezes, os meus alunos me digam: "Professora, a senhora não é negra, não." E aí, volta a questão dos estereótipos, volta a questão das características do que é ser negra, ser negro, tem que ser negro, negro, negro, tem que ser retinto. Tem que ter um cabelo crespo, ou seja, é questão de ser negro, além de ser uma característica não apenas física, também é uma questão de ideologia. É você se sentir, na verdade, uma questão política, uma opção política que a gente faz. De certa forma, ficou tão aflorada em mim essa percepção de eu me sentir negra que foi, na verdade, o que me fez ser melhor hoje como pessoa. (Entrevistada 5)

Em seu discurso, destaca a educação – principalmente a partir do seu ingresso no PVNC e, depois, com a entrada na universidade – como influência direta para a construção de sua identidade racial, exemplo de como o indivíduo começa a "denigrir", a tornar-se mais negro por intermédio da educação. O reconhecimento de pertencer a determinado grupo racial não é, como vimos, uma questão estável e estática, mas um processo complexo e multifacetado – é uma construção. Trata-se, na verdade, de um conceito estratégico, político e posicional.

À medida que eu avançava nas entrevistas, a identificação racial como um dos instrumentos para a análise das trajetórias foi se revelando imprescindível, especialmente porque a questão racial não é um aspecto considerado pela PUC-Rio para o ingresso dos estudantes provenientes das camadas populares. Assim, como a identidade racial também é um processo de escolhas, de reconhecer pertencer ou não a determinado grupo racial, certamente influenciado por seu *habitus* cultural, alguns dos entrevistados expressaram a complexidade dessa discussão no contexto sociocultural brasileiro.

Por esses aspectos, a dinâmica da identificação racial no Brasil requer que se reconheça a diversidade de termos utilizados no cotidiano (já se falou em 136 denominações raciais distintas). Certamente pertencemos à raça humana, mas é preciso compreender que as relações sociais baseadas em hierarquias e subordinações definem quem são os indivíduos que pertencem às sub-raças e determinam seu espaço na sociedade.

As entrevistas levam a pensar que, se de um lado não se pode negar a influência da ideia de branqueamento no Brasil, de outro há um forte reconhecimento da ascendência africana na construção da identidade, com a valorização das características positivas pertinentes à população negra.

Aqueles que se declararam negros indicam que há uma importante transformação na maneira de perceber a própria negritude e de inserir-se no mundo. Alguns têm essa consciência enraizada desde sempre, não passaram pelos estágios apontados por Ferreira (2000) nem perseguiram um "ideal de ego branco" para ser reconhecidos e aceitos tanto na esfera pública quanto na esfera privada. Dessa forma, tornaram-se cada vez mais negros com base nos valores positivos ligados à sua condição racial, ao *habitus* cultural no qual se socializaram; nasceram, cresceram, vivem e morrerão com essa identidade racial. Já outros foram "denigrindo-se" aos poucos e construindo sua identidade racial negra, como foi efetivamente o meu caso, depois de reconhecer os valores positivos da população negra e do seu pertencimento a esse grupo racial. Esse é de fato o primeiro passo em direção à afrocidadanização.

Capítulo 6

Você ajuda as pessoas a começar a sonhar

> Muda a vida das pessoas que estão à sua volta [...] faz seus primos, seus sobrinhos, sonhar que é possível. Isso é o mais importante [...] você ajuda as pessoas a começar a sonhar. Isso para mim não tem preço. Não é você contribuir com o carro da sua mãe, ou contribuir com o orçamento familiar [...] É saber que a sua sobrinha fala: "Ah, eu vou fazer jornalismo também!" Ou então o seu sobrinho fala: "Minha tia conseguiu, vou fazer medicina!" Jamais se sonhava em entrar na universidade. Eu fui a primeira pessoa da minha família a entrar na universidade. [...] Hoje eu tenho quatro pessoas [da família] na universidade. E quase todos da nova geração sonham... Isso não tem preço.
>
> Ex-estudante da PUC-Rio. Bacharel em Comunicação Social (2001).
> Rio de Janeiro, 18/7/2006.

Mais que demonstrar a vitória obtida pelos indivíduos entrevistados ao superar todas as dificuldades impostas aos estudantes pobres e negros para entrar na faculdade, permanecer nela e sair formados, a trajetória dos estudantes pesquisados é uma prova de luta, dedicação e exemplo de "sucesso". Como primeiros representantes do encontro entre PUC-Rio e PVNC, esses indivíduos protagonizaram e protagonizam uma nova prática social transformadora das relações sociais e raciais no contexto sociocultural brasileiro. Desse modo, expressam no sucesso de sua trajetória a realidade objetiva da conversão do capital cultural adquirido e institucionalizado em oportunidades efetivas, verificáveis no produto que ela gera: o ingresso e a posição que ocupam na hierarquia ocupacional na esfera do trabalho; nas transformações ocorridas em sua vida material e no efeito multiplicador de sua trajetória perante suas famílias e comunidades.

Sujeitos de sua história, ao tomar consciência das contradições que permeiam sua vida, tais indivíduos traduzem um novo perfil do profissional negro na esfera do trabalho, não só por ocuparem posições desejáveis na hierarquia ocupacional como por revelarem em suas ações e atitudes um sentido de futuro nos efeitos positivos de ser mediadores e multiplicadores no processo de transformação da sociedade brasileira.

O mercado de trabalho e a população negra

Destaco nesta sessão três importantes eixos temáticos: primeiramente, trato das questões ligadas ao mercado de trabalho, enfatizando a posição dos indivíduos entrevistados no *status* ocupacional; com base nesse referencial, discuto a mobilidade de posição e a percepção que cada um tem ou teve sobre o racismo nessa esfera. Em segundo lugar, discuto o efeito multiplicador da mobilidade ascendente individual e familiar, a partir da passagem pela universidade e da entrada na esfera do trabalho, como importante processo de cidadanização que as ações afirmativas colocam em andamento. Por fim, discuto a importância e o impacto que cada trajetória de "sucesso" teve sobre a comunidade da qual é proveniente.

Julgo expressivo aos propósitos deste trabalho trazer como discurso principal a voz dos próprios entrevistados. Deliberadamente procurei não intervir em seu discurso. Como este é um estudo sobre o resultado de políticas e ações afirmativas, entendidas do ponto de vista dos indivíduos beneficiados, a concretude da discussão acerca dos processos de construção da identidade racial positiva, a efetiva conquista da afrocidadanização e os efeitos multiplicadores de cada trajetória têm como base o discurso de cada entrevistado.

Por isso, preferi trazê-los de forma descritiva – alguns na íntegra – e não analítica, porque os julgo significativos e exemplares para a pavimentação de um caminho pelo qual se possa seguir, a fim de que possamos transformar as bases pelas quais a sociedade brasileira tem se conduzido até hoje em relação aos indivíduos da população negra. São trajetórias exemplares e, por isso, precisam ser trazidas à baila como um farol que aponta um devir, um futuro. Já destaquei que se formaram com mérito acadêmico e as condições pelas quais entraram na esfera do trabalho. Assim, passo, agora, a narrar suas histórias, a falar de suas lutas e de suas vitórias, de suas práticas cotidianas e do sucesso de sua trajetória.

Principio com as questões relativas à esfera do trabalho por considerá-las fundamentais para as análises posteriores sobre o "sucesso" da caminhada do grupo entrevistado. Assim, destacarei aqui as questões ligadas às condições de ingresso, às posições ocupadas, à mobilidade das posições e às percepções sobre o racismo. Primeiramente destaco os entrevistados que ocupam uma posição satisfatória e condizente com sua formação e não observaram – em especial os que se declararam negros – nenhuma resistência de ordem racial ou resistência à sua promoção. Em seguida, destaco as entrevistas daqueles que estão satisfeitos com a posição que ocupam, mas que perceberam e percebem discriminação racial no trabalho, seja ela de ordem salarial, ocupacional ou relacionada com a imagem social do negro – ou por todos esses motivos reunidos.

Ao ir a campo, deparei com situações e obtive respostas diferenciadas daquelas que acreditava que encontraria. Parti em minha pesquisa com o pressuposto de que para o indivíduo da população negra, mesmo formado na PUC-Rio com excelência acadêmica, os processos discriminatórios baseados em sua condição racial influenciariam a posição que ocupam ou ocupariam na esfera do trabalho. O fato de ter encontrado, nesse particular, uma situação positiva, mostrou-me a possibilidade de mudar as condições de ingresso e permanência dos negros no mercado de trabalho. Assim, os estereótipos sobre sua imagem já não seriam obstáculo à sua caminhada, sendo esta medida com base na objetividade de sua condição profissional. Assim, resolvi considerar inicialmente a posição que cada entrevistado ocupa no *status* ocupacional na esfera do trabalho para, a partir daí, considerar as questões pertinentes ao racismo e à discriminação.

No decorrer das entrevistas, um aspecto fundamental chamou minha atenção: a relação entre o *status* ocupacional superior ou posição hierarquicamente prestigiosa e a posição desejável ocupada pelos entrevistados. Nas entrevistas ficou clara a importância simbólica e objetiva de o negro ocupar determinadas posições de "prestígio" na hierarquia ocupacional, não só pelo exemplo de ascensão e mobilidade social, mas como demonstração irrefutável de sua competência para exercer determinadas funções e ocupar determinadas posições. Mas ficou claro também que, em muitos casos, exercer uma posição "prestigiosa" – no sentido de ser superior na hierarquia ocupacional – não é condição *sine qua non* para determinar o nível de satisfação profissional nem condição necessária para que tais indivíduos se sintam plenamente estabelecidos e realizados como cidadãos. O fato de os negros serem sub-representados em posições hierárquicas superiores na esfera do trabalho aparece nos discursos como situação passível de ser transformada objetivamente, mas subjetivamente tem outra esfera de compreensão, relacionada com a própria realização profissional e pessoal de cada indivíduo.

Observa-se, pelo menos para o grupo entrevistado, que muitos desses profissionais exercem atividades que, embora não sejam consideradas superiores na empresa onde trabalham – se comparadas à posição de outro profissional com a mesma qualificação que não seja negro –, são desejáveis no sentido de sua realização profissional.

Mas isso não afasta a objetividade da condição do profissional negro no espaço do trabalho, nem significa desconsiderar os aspectos sutis presentes nas relações raciais que impedem o negro de ocupar efetivamente uma posição desejável. Ao contrário, significa, como veremos nos discursos, que ainda existem barreiras a ser ultrapassadas para que os efeitos perversos do "racismo" no trabalho sejam eliminados.

Tanto os entrevistados que estão plenamente satisfeitos com a posição que ocupam como os que ainda não atingiram tal satisfação nos permitem vislumbrar diversas nuanças das relações trabalhistas. Estas não são estáticas, mas situacionais, que em muitos casos independem da qualificação profissional ou se referem a problemas ligados às questões de raça. As dinâmicas das relações trabalhistas incidem diretamente sobre uma série de relações objetivas – inclusive as que levam diretamente à discriminação, como veremos em alguns discursos – que devem ser consideradas. Está presente o tema da promoção, ou seja, a possibilidade de o profissional negro ascender na posição ocupacional.

Além disso, conforme demonstra Silva (1999, p. 201), a ocupação é uma variável fundamental do mercado de trabalho, atuando diretamente na determinação de diferenças de renda entre os grupos de cor. É por meio do desempenho de um papel ocupacional que a renda do indivíduo é obtida. Silva afirma que as diferenças de renda entre indivíduos igualmente qualificados pertencentes a grupos diferentes – negros e não negros – têm de ser acompanhadas por diferenças e realização ocupacional – o desempenho de papéis ocupacionais que pagam mais – ou por diferenças de salário dentro de uma ocupação – diferenças na recompensa econômica pelo desempenho das mesmas tarefas.

O debate sobre a dinâmica da posição ocupada pelos entrevistados se justifica pelos seguintes aspectos: em primeiro lugar, por trazer à luz sua posição no *status* ocupacional e o seu nível de (in)satisfação; em segundo lugar, para sabermos em que medida as práticas discriminatórias têm ou não impedido sua ascensão a posições superiores e não subalternas; em terceiro lugar, para apontar como essa realidade vem se transformando lenta e progressivamente, abrindo o caminho para uma nova realidade profissional da população negra no mercado de trabalho.

É estudando que a gente consegue!

A trajetória dos entrevistados entre a saída da universidade e a entrada no mercado de trabalho se mostra relativamente próspera e positiva, correspondendo quase em toda sua totalidade à relação entre o horizonte de conversibilidade do capital cultural institucionalizado e a estrutura de oportunidades para ocupar determinadas posições. Isso significa dizer que quase todos os entrevistados se inseriram na esfera do trabalho em posições desejáveis e satisfatória após a graduação. Para a grande maioria, o ingresso na esfera do trabalho ocorreu de forma relativamente rápida e sem muitos obstáculos: por meio de estágios, ainda no período em que estavam estudando, ou como contratados, também no período em que cursavam a faculdade. Alguns até se utilizaram do capital social adquirido e ampliado na universidade, por meio do qual estabeleceram uma importante *network* com os demais discentes e com alguns professores, conseguindo ser indicados e encaminhados para o trabalho.

Vários dos entrevistados, em especial os que se declararam negros, ocupam posições em que não era comum encontrar um profissional negro. Obviamente, em alguns casos, ainda incidem algumas discriminações, tanto salariais quanto ocupacionais. Mas em termos de ingresso existe grande potencial de mudar a realidade experimentada pelos negros. Dadas as atuais ações individuais e coletivas associadas a políticas públicas contra a desigualdade racial, certamente o futuro será próspero. Em muitos dos casos observados, a discriminação ocupacional praticamente inexiste, deixando em seu lugar "apenas" as discriminações salariais.

Essa é uma mudança significativa, dado que a desigualdade racial nas relações trabalhistas se caracteriza pela forte presença de discriminações. O fato substancial apresentado nas entrevistas é que a entrada no mercado de trabalho de negros qualificados, formados em uma das mais prestigiosas universidades do Brasil, tem ampliado de maneira significativa não só a igualdade de oportunidades como a igualdade de posições na hierarquia ocupacional no mercado de trabalho.

Não quero dizer com isso que a discriminação racial tenha deixando de existir; ao contrário, ela ainda é muito forte. Porém, o "efeito multiplicador" da presença de negros em posições hierarquicamente superiores e desejáveis aponta para uma nova configuração nas relações trabalhistas. Por certo a esfera do trabalho se tornará cada vez mais democrática à medida que os negros passarem a ocupar tais posições, o que exercerá influência direta na ampliação da igualdade de oportunidades e da igualdade social.

Dito isso, passemos às histórias de vida dos entrevistados que se consideram plenamente satisfeitos em suas posições e não perceberam discriminação racial na esfera do trabalho.

No discurso do entrevistado 7, destaca-se a forte presença de um dos elementos mais significativos do capital social, as redes de sociabilidade, que foram fundamentais para que ele ingressasse de imediato no mercado de trabalho. Isso se deu quando ele ainda estava na faculdade e conseguiu um estágio, com "um pouco de sorte, porque durante a graduação eu montei um grupo de amizade muito forte, colegas que me ajudaram muito, e um desses colegas me indicou para onde estou hoje". Mas, ao falar de sua posição, menciona a estrutura da empresa em relação ao *status* ocupacional dos funcionários e das possibilidades de ascensão. Destaca a discriminação social que sofria por morar onde morava – uma comunidade pobre considerada de risco –, o que em muitos casos impediu seu ingresso em determinadas empresas. Afirma, porém, que esse não é um fator de resistência na empresa onde trabalha. Declara também não ter sofrido qualquer discriminação de cunho racial nessa empresa – lembro que esse entrevistado declarou ter o fenótipo branco.

> Aqui eu sou considerado administrador júnior, esse é o cargo no plano de cargos e salários, mas na função eu estou como analista de marketing júnior. Acho que é condizente, estou ainda entrando no mercado, o salário está no nível de mercado normal. A política aqui é bem transparente, ela é igual para todos. Então, o que eu ganho, independentemente de eu morar na Rocinha, se morei ou se deixei de morar, não influenciou em nada. Quem mora na Tijuca ou na Barra e tem o mesmo cargo que eu aqui na empresa ganha a mesma coisa. [...] Eu não percebo [preconceito], não, até porque, aqui, a estrutura organizacional é muito achatada. Então, não é em relação a mim que acontece esse tipo de problema, mas a um grupo de pessoas que está num nível intermediário, que é não operário mas também não é gerente ou coordenador [...]. São poucos cargos a concorrer e as pessoas têm pouco giro, então dificilmente eu ou qualquer outra pessoa concorremos a um cargo superior. Por enquanto também não pretendo, não me acho preparado [...] Fui estagiário de um banco, como menor, tentei muito banco, mas sempre batia, sempre parava na entrevista [...]. Não é conclusivo, mas eu sempre acabava achando que tinha alguma coisa a ver com eu morar na Rocinha, alguma coisa desse tipo; não deixavam claro, mas acho também que não deixariam. (Entrevistado 7. Formado em Administração em 2003. Rio de Janeiro, 24/4/2006)

Para a entrevistada 8, no espaço onde atua, sua ascensão no âmbito das relações trabalhistas é condicionada pela etapa em progresso, pela qual precisa passar para atingir determinadas posições. Destaca também não ter percebido nenhuma resistência de caráter racial à sua posição e/ou promoção, em virtude da especificidade da empresa em que trabalha, cuja atividade principal está em atender às comunidades pobres.

Sim, nós somos contratados pela profissão, aqui na equipe nós somos cinco: tem duas assistentes sociais [...], um sociólogo, um psicólogo e um filósofo. Uma é doutoranda, está terminando, tem outro que tem mestrado, eu tenho pós-graduação, e os outros estão ainda em nível de graduação. Hoje, eu sou técnica, comecei como auxiliar técnica e fiquei por seis anos aqui. Fiquei três anos como auxiliar técnica, coordenando alguns projetos [...] o salário tinha um diferencial, óbvio, e depois de três anos eu fui absorvida como técnica. Tem um coordenador e quatro técnicos, os salários são iguais [...]. Foi tudo um processo profissional que ocorre mesmo: [...] uma escala pela qual qualquer um tem que passar na instituição [...] Não houve [preconceito] por onde passei, mas acredito que com vários companheiros sim, até porque na instituição que estou é difícil isso acontecer, muito pelo contrário, é uma instituição que trabalha com os movimentos sociais, com a população, e luta pela igualdade. (Entrevistada 8. Formada em Serviço Social em 2000. Rio de Janeiro, 26/4/2006)

Dessas entrevistas destaco dois aspectos fundamentais: em primeiro lugar, independentemente do prestígio ou não da posição que cada um ocupa, os entrevistados exercem atividades ligadas à sua formação e, nesse sentido, sentem-se plenamente estabelecidos e satisfeitos. Em segundo lugar, não há resistência a ocuparem tal espaço por serem negros ou oriundos das camadas pobres. Destaca-se ainda o fato de que, nos cargos que ocupam, é imprescindível ampliar a formação para galgar uma posição imediatamente superior, supondo-se, naturalmente, que ao concluírem a ampliação de capital cultural sejam de fato aproveitados. Tudo indica que de fato o serão.

Depois de destacar a positividade das posições ocupadas e a não percepção de discriminação racial, por parte desses entrevistados, na esfera do trabalho, passo a descrever a trajetória daqueles que perceberam ou percebem, de alguma forma, as sutilezas da discriminação, embora se considerem plenamente estabelecidos nas posições que ocupam.

Isso é normal?

Para alguns dos negros entrevistados, as relações trabalhistas trazem evidências e traços discriminatórios, ligados principalmente ao tipo de atividade exercida pela empresa em que trabalham e à especificidade da função que exercem: posições ligadas a prestígio e/ou poder, que apresentam, como foi visto nas entrevistas anteriores, uma distinção clara entre o setor público, o setor privado e o terceiro setor.

As entrevistas demonstraram a existência de desigualdade racial nos âmbitos micro e macro das relações trabalhistas, com comportamentos discriminatórios tanto no que se refere ao salário quanto à situação ocupacional; ou seja, trata-se de situações e comportamentos que revelam que, mesmo que tenha formação acadêmica compatível, quando o negro ocupa posições de alta qualificação/confiança/*status* social ainda assim não é reconhecido e remunerado da mesma forma que os profissionais não negros.

As entrevistas apresentadas neste tópico mostram indivíduos que se inseriram no mercado de trabalho em posições condizentes com sua formação, não encontraram barreiras raciais para estar em suas posições, estão plenamente estabelecidos e satisfeitos, mas reconhecem a existência de elementos sutis do racismo. Tais expressões se configuram em diversos episódios, em seus relacionamentos cotidianos, nas suas atividades profissionais, através dos quais, direta ou indiretamente, são surpreendidos e marcados por comportamentos e ações discriminatórias.

Diversas são as práticas discriminatórias que sugerem a existência de racismo em relação ao negro na esfera do trabalho, tais como as práticas relacionadas diretamente com a condição salarial e/ou ocupacional. Essas são formas discriminatórias mais facilmente identificáveis, pois podem ser percebidas e medidas empiricamente, mas há outras formas ligadas aos estigmas e estereótipos vinculados a aspectos desabonadores e desqualificadores da imagem social do negro. Tais sutilezas, muitas vezes interpretadas como não existência de discriminação, propagam a ideia de que o profissional negro não tem capacidade de ocupar determinadas posições, o que explica a quase ausência desses profissionais em postos de prestígio e poder.

A esse propósito, Silva (1999) aponta outras formas básicas pelas quais se pode perceber a discriminação contra os negros no mercado de trabalho:

1. discriminação de capital humano – bloqueiam-se os canais de mobilidade ou impede-se os indivíduos de conseguir a qualificação necessária para assumir ocupações elevadas. Esse processo ocorre antes de o negro ingressar no mercado de trabalho, ainda no período em que está estudando, estando relacionado diretamente ao seu capital cultural, advindo das condições familiares e de socialização nas quais está inserido e da qualificação que lhe é oferecida na escola;
2. discriminação de emprego – os negros sofrem mais do que seria proporcional com o desemprego;
3. discriminação ocupacional – os negros podem ser impedidos de assumir algumas ocupações que pagam mais, independentemente de serem qualificados;

4. discriminação de salário – os negros podem receber menos exercendo as mesmas funções que os brancos, isto é, salário desigual por trabalho igual.

No que se refere à discriminação salarial, Silva destaca que esse mecanismo de mercado parece variar em tamanho e direção de acordo com a ocupação. Por estarem em situação econômica pior que os brancos, os negros são forçados a aceitar salários mais baixos que os brancos desempenhando as mesmas tarefas. Nesse sentido, os salários mais baixos pagos aos não brancos tendem a reduzir os salários dos brancos na mesma ocupação. Silva levanta, assim, a hipótese de que, quanto maior for a população de trabalhadores não brancos em determinada ocupação, maior será a má vontade dos brancos contra seus coincumbentes não brancos. Essa má vontade faz com que os brancos pressionem os empregadores, elevando a níveis mais altos a discriminação contra os não brancos, neutralizando o efeito para baixo sobre os salários causados pela concorrência dos não brancos. Parafraseando Stolzenberg, essa seria a hipótese denominada "ameaça econômica" (Silva, 1999, p. 205).

Segundo esse autor, de acordo com a "hipótese do apinhamento" de Bergman (*apud* Silva, 1999), algumas ocupações estão abertas a não brancos e outras, não. O apinhamento resulta dessa situação, fazendo com que o fornecimento relativo de mão de obra nessas ocupações exceda os níveis normais e assim reduza os salários de não brancos nessas ocupações. Com isso, os únicos brancos dispostos a trabalhar nesses cargos seriam aqueles com habilidades específicas, capazes de receber salários mais altos nessas ocupações do que conseguiriam em "ocupações de brancos". Desse modo, presume-se que níveis mais altos de participação por parte dos não brancos em dada ocupação levarão a níveis mais altos de discriminação racial. Silva afirma ainda que a discriminação salarial parece surgir nas diferenças de oportunidade de realização ocupacional, determinadas em grande parte pela escolaridade individual.

As entrevistas a seguir são ilustrativas do que acabo de discutir. Quando compreendemos a discriminação racial no Brasil, cujo efeito mais perverso é a "democracia racial", entendemos por que alguns profissionais oriundos das camadas pobres conseguem ultrapassar as barreiras mais difíceis – entrar na universidade, formar-se com mérito e inserir-se no mercado de trabalho – mas continuam estacionados, sem oportunidades de ascensão. Embora sejam poucas no âmbito da pesquisa, as entrevistas são exemplos contundentes da presença de práticas discriminatórias nas três vertentes apontadas: ocupacional, salarial e sobre a imagem social do negro. A discriminação exercida com base nesta última vertente pode incidir diretamente sobre as outras ou ser a causadora dos outros tipos de discriminação. No discurso dos entrevistados aparecem de maneira objetiva as sutilezas que envolvem nas relações raciais as práticas discriminatórias na esfera do trabalho.

Para a entrevistada 2, essa sutileza se torna clara em virtude da especificidade de seu local de trabalho, uma empresa da iniciativa privada em que, segundo suas percepções, as discriminações se manifestam de forma incisiva em sua imobilidade e em seu salário. Embora tenha começado a trabalhar ainda durante a graduação, não tem conseguido converter o capital cultural incorporado com a graduação e a pós-graduação em oportunidades ocupacionais e salariais satisfatórias, devido principalmente à existência de práticas discriminatórias nessas duas esferas.

Tendo ingressado no mercado de trabalho por intermédio de redes de relacionamentos e tendo convertido o capital social adquirido na PUC-Rio em oportunidades, conseguindo estagiar e posteriormente se efetivar em seu primeiro emprego depois de formada (obtido por indicação de um professor), ela revela que sua posição é condizente com a que se formou, pois se graduou em informática e trabalha como analista de sistemas. Mas reconhecer a positividade de sua posição não significa dizer que se sente plenamente realizada; ao contrário, ela afirma que talvez pudesse estar um pouco à frente, pelo seu tempo de experiência. Sugere, assim, que práticas discriminatórias é que têm sido um obstáculo à sua ascensão na empresa:

> Pelo tempo de experiência que tenho [...], mais ou menos nove anos de experiência, já era para eu estar um pouco acima em termos de cargo, em termos de salário, mas em informática isso depende muito da empresa. Por exemplo, aqui os salários são meio fechados, mesmo eu não sendo funcionária [...] tem outra coisa também, eu já estou aqui há quatro anos, então observo que tem pessoas que entram na empresa e são contratadas rapidamente, porque aqui a gente trabalha terceirizado, como pessoa jurídica, e [...] eu não conheço nenhum negro que tenha sido contratado. Até na área da informática a gente vê poucas pessoas da nossa cor. Então, às vezes uma pessoa que entrou depois, em poucos meses foi contratada. [...] para algumas pessoas há um tratamento diferente. [...] (Entrevistada 2. Formada em Tecnologia em Processamento de Dados em 2000. Rio de Janeiro, 13/3/2006)

Há outros contextos de práticas sutis e veladas em que a entrevistada percebe a existência de discriminações que a têm impedido de ascender – tanto na posição que ocupa quanto no salário que recebe. Seu discurso mostra como a "manifestação" sutil do racismo, se o podemos considerar assim, age sobre o negro. Evidencia como a manutenção da sua subalternidade está diretamente relacionada com a imagem negativa que a sociedade tem do negro. Assim, reforçam-se todos os estereótipos ligados a essa imagem, como o de não considerar seu mérito individual e seus esforços, condenando-a a se empenhar cada vez mais para conseguir ficar no mesmo lugar. Essa falta de reconhecimento do mérito para a ascensão profissional é, de fato, um dos efeitos mais perversos do racismo.

A gente tem que provar que estudou, senão a gente não consegue. A gente vê que isso acontece com quem é negro. Eu vejo muito isso na minha área, acho que sou a única, eu olho para todos os lados e não vejo ninguém. Várias pessoas que nem faculdade têm ou faculdade incompleta ou ainda estão estudando e têm o salário igual ou maior, na maioria das vezes maior, sem ter a formação, e a gente não, a gente tem que ter a formação comprovada e experiência. A experiência que eu tenho hoje é muito mais do que eu estou fazendo em termos de trabalho, eu já poderia estar fazendo outras coisas, mas é sempre assim, além da formação a gente tem que ter experiência muito grande para conseguir fazer uma coisa abaixo do que a gente já faz. Se eu quisesse fazer uma coisa no nível que eu já estou, aí seria muito difícil, tem que aumentar a formação para fazer uma coisa abaixo. (Entrevistada 2)

Contundente e significativa em sua expressão máxima, que mostra de forma clara como se manifestam, em suas diversas nuances, as relações raciais no Brasil, é a declaração da entrevistada 12, que trabalha em empresa do terceiro setor ligada à mídia televisiva. Suas percepções sobre o racismo no trabalho revelam-se em dois aspectos: de um lado, na imagem social do negro (no seu caso, ligada diretamente à especificidade de seu cargo de apresentadora de telejornal, ocupação que lhe dá certo *status* em relação aos outros profissionais); de outro, na discriminação salarial em comparação com os profissionais que ocupam a mesma função, dentro ou fora da empresa. Considero essa entrevistada, entre os indivíduos ouvidos nesta obra, a representante mais emblemática dos negros que ascenderam a uma posição de destaque e de "sucesso", por ocupar especificamente um dos espaços mais representativos e de referência estética na sociedade brasileira.

Ou seja, conseguiu se inserir em um espaço no qual as relações raciais são incisivas e atuam de forma efetiva contra a presença do negro. Ela é, do meu ponto de vista, um exemplo para todo o movimento negro e para a comunidade na qual reside, pois tem destaque no campo em que atua e recebe um salário superior ao da maioria da população. Veja o que diz:

> Hoje eu sou apresentadora num telejornal. É condizente com a minha formação. [...] quem se forma em jornalismo pode ser editor, apresentador, produtor. Aliás, é uma das posições mais *top* dentro da redação, é claro que tem o editor-chefe, que é superior a mim, eu não mando na redação, mas é uma posição, digamos, um pouquinho mais independente, um pouquinho mais acima. Digamos que não seja tão comum alguém oriundo do pré-vestibular conseguir uma posição que tenha... *glamour*, que tenha um pouquinho mais de *status* [...] eu me esforço para isso. (Entrevistada 12. Formada em Comunicação Social em 2001. Rio de Janeiro, 18/7/2006)

Ao falar sobre a existência ou não de resistências à posição que ocupa, ela dá um exemplo clássico de como a discriminação racial e o preconceito (principalmente no que se refere aos estereótipos sobre a imagem do negro) estão presentes em suas relações cotidianas.

> [...] às vezes sim, mas elas são sempre em forma de "racismo", até o maquiador, que não tem o costume de lidar com você, ou o camareiro, não estou dizendo que acontece isso aqui [na emissora onde trabalha hoje], mas já enfrentei esse tipo de situação. [...] quando as pessoas sabem da minha história, da minha origem pobre, as coisas mudam um pouquinho. Isso é um tipo de resistência, elas já não encaram mais da mesma forma [...] exigem mais de você, querem mais de você ou pisam mais em

você, o que é pior ainda. Então, às vezes você tem que lidar com este tipo de situação [...] o que se faz para alguém que nasceu em berço de ouro não se faz para o outro. É uma coisa muito louca, mas acontece sempre esse tipo de resistência eu encontro. (Entrevistada 12)

No que diz respeito à sua mobilidade, reconhece não haver resistência à sua promoção, advertindo que as resistências acontecem no âmbito da discriminação ligada aos estereótipos sobre o negro e que tais manifestações, que não a impedem de trabalhar, servem de impulso para que prospere ainda mais.

Não, não, acho que não. Talvez algumas coisas normais do ser humano mesmo, jornalista igual a mim que, bem, "essa garota só tem 29 anos" [...] isso é muito normal, "Ah, garota nasceu em Nova Iguaçu, mora em Nova Iguaçu ainda. Como assim, ela já ganha tanto? Como assim, ela já ocupa essa posição?", "é porque ela é negra, eles estão querendo um apresentador negro". Quando um negro chega a ser apresentador, ele nunca chegou porque é competente. Se chegar uma apresentadora loura, "nossa, como ela é competente, parabéns, conseguiu essa vaga". Se for uma negra, "ah, eles estavam querendo uma negra para botar nesse lugar". Então, você nunca vai chegar a determinado lugar pela tua competência, isso é péssimo, mas eu aprendi que isso, pelo menos nesses anos todos, até dentro da universidade, me fez refletir que eu dou cada vez mais de mim, eu me torno cada vez melhor, porque, como tenho que autoafirmar, estou sempre procurando estar melhor, melhor, melhor. Quando eles olharem, eu já estou tão boa que não dá mais para voltar. (Entrevistada 12)

Mas, apesar dessa trajetória positiva, de ter conseguido ultrapassar uma importante barreira e de ter-se inserido de forma imediata na esfera do trabalho, ao reconhecer que a posição que ocupa é condizente com a sua formação e que exerce uma das funções mais importantes no âmbito da mídia televisiva, aponta ter percebido em diversos momentos e situações a marca pungente do "racismo". Ela é enfática ao falar sobre esses momentos.

> Oh! Tenho milhares de exemplos de "racismo". O "racismo" existe na prática, ele é concreto. É, eu sofri, é claro, muito preconceito, muita discriminação, sofro ainda até hoje. Algumas pessoas chegam para mim e dizem: "Ah, é legal, que bom que você conseguiu, também é muito mais fácil ser uma apresentadora negra, porque todo mundo quer botar agora um negro na televisão." É um "racismo" mais sutil. Tem também um "racismo" mais descarado. Por exemplo, em São Paulo, por acaso, no setor de maquiagem, todas as minhas maquiadoras e cabeleireiras eram louras. Era muito engraçado, porque chegavam alguns artistas para participar de um programa de entretenimento, eu estava sentada, esperando para me maquiar, aí eles olhavam o pessoal todo louro, olhavam pra mim e diziam: "Será que você pode fazer meu cabelo?" Era uma coisa muito normal, porque no inconsciente coletivo eu não era apresentadora, a apresentadora devia ser uma daquelas, eu devia ser a cabeleireira ou a maquiadora, provavelmente. [...] Para mim foi muito difícil, no início superar, passar por isso, entender. Hoje a gente cria uma casca [...] a gente vai ficando mais forte, é claro que ajuda também ser apresentadora [...] hoje ter um pouquinho mais de respeito das pessoas naturalmente, por causa do *glamour* de ser apresentador. Então, você tem um pouquinho mais de voz, você tem um pouquinho mais de vez [...]. Mas, no início, quando você é estagiário... No primeiro canal em que eu trabalhei [...] surgiu um teste para repórter, eu fui a única que não fui chamada para fazer o teste, todos os estagiários foram. Eles não acreditavam, não acreditavam [...]. (Entrevistada 12)

A discriminação em sua trajetória não aparece apenas na forma de estereótipos ligados à imagem do negro: revela-se também na forma de discriminação salarial.

> Hoje, eu ganho um excelente salário em relação à população brasileira, mas não em relação aos apresentadores, não em relação a quem faz a mesma coisa que eu, meu salário é baixo em relação às outras pessoas que têm a mesma função. (Entrevistada 12)

No entanto, sua trajetória não é maculada por esses fatos, pois o nível que atingiu sua afroconsciência permite-lhe posicionar-se no mundo de forma positiva, para superar, dessa forma, todas as agruras e viver plenamente sua afrocidadania.

Vemos nas respostas recebidas, tanto pelos entrevistados que não percebem manifestações de racismo na esfera do trabalho quanto por aqueles que afirmam percebê-las, que as discriminações raciais não se apresentam de forma explícita, como um impedimento de fato ou como fator determinante para que tais profissionais ingressem em ou ocupem determinadas funções. Creio ser essa a razão principal para que metade dos entrevistados declare que não percebe a existência do racismo no trabalho. Além disso, é sempre bom lembrar que há considerações de outra natureza a ser levadas em conta, como a natureza da empresa em que trabalham, as especificidades técnicas da sua profissão, a ausência de disputa de posições hierarquicamente superiores e o desejo de permanência, por se sentirem plenamente estabelecidos.

Contudo, vale a pena voltar que isso não significa dizer que não exista discriminação racial contra os profissionais negros, como foi fartamente exemplificado nas respostas dos indivíduos do segundo grupo, pois, sob certas circunstâncias, persistem fortes evidências da existência de racismo, sobretudo contra os negros que ocupam posições de destaque.

O efeito multiplicador: as transformações materiais e simbólicas

O ingresso imediato no trabalho em posições e salários condizentes com a formação, uma realidade para a maioria dos entrevistados, foi fundamental, como era previsto, para uma transformação substancial de vida. Oriundos de famílias e comunidades pobres, esses indivíduos deram um salto quantitativo e qualitativo, mostrando ser possível transformar as condições materiais, culturais e sociais dos indivíduos pobres da população negra – em suma, a afrocidadanização.

Ressalto que a transformação das condições materiais de vida, entendida aqui, sob alguns aspectos, como uma relativa mobilidade social, em virtude da conversão de capital cultural em posições desejáveis na esfera do trabalho, deve considerar o que "os estudos de mobilidade social não são *flashes* de curto prazo" (Pastore e Valle Silva 2000, p. 1) e, portanto, as trajetórias exemplares e seus efeitos multiplicadores são indícios desse devir, desse futuro, a partir da ampliação das oportunidades.

A análise da mobilidade social conforme Scalon (1999, p. 18) requer uma concepção de espaço social no qual se distribuem bens e valores e se definem as posições dos atores – e consequentemente suas relações. Entretanto, o espaço social não é estático, e é pelo estudo da mobilidade que se busca captar a intensidade das mudanças, revelando, dessa forma, como ele é organizado. Para a autora,

> O pressuposto básico das análises de mobilidade é o de que na sociedade moderna as oportunidades de aquisição de riqueza e poder são diferenciadas e dependem de condições sociais que não se restringem às qualidades pessoais. Dessa forma, o estudo da mobilidade social torna possível identificar rotas, bloqueios, sucessos e fracassos que são padronizados e sistemáticos, e devem ser entendidos como resultados tanto

de talentos e realizações individuais como de processos sociais. [...] a mobilidade social inscreve-se nas análises de desigualdade, na medida em que estas esclareçam processos de cristalização ou redistribuição, permanência ou mudança nas chances de alocação em posições da estrutura social. (Scalon, 1999, p. 18)

Por considerar recente, novo e inédito o ingresso na esfera do trabalho de profissionais com o perfil como o dos que foram pesquisados, não considero esta sessão uma análise específica de mobilidade social, mas como dado importante para avaliar a possibilidade de ascensão econômica com a ampliação do capital cultural dos indivíduos pobres da população negra. Assim, posso afirmar que em curto tempo alguns indivíduos do grupo pesquisado, se comparados com a geração imediatamente anterior à sua, experimentaram uma mobilidade ascendente, obtendo maior acesso a determinados bens econômicos e, principalmente, benefícios simbólicos. Essas transformações se refletem no "efeito multiplicador" de sua história de vida. Considero esse "efeito multiplicador" o resultado expressivo de uma trajetória que permite fazer sonhar tanto aqueles mais próximos, como os familiares, quanto indivíduos da comunidade com nível socioeconômico e cultural diferente.

Nesse processo de transformação das condições materiais, muitos dos entrevistados migraram do estrato ocupacional médio-inferior – trabalhadores urbanos qualificados e semiqualificados – para o estrato ocupacional alto – profissionais de nível superior e grandes proprietários (Pastore e Valle Silva, 2000), representando sem sombra de dúvida uma importante mobilidade ascendente.

A propósito dos discursos apresentados aqui, veremos que há diferenças fundamentais a ser consideradas no que concerne à transformação na vida dos entrevistados, pois, como já apontei, o processo de mobilidade social não é um *flash*, algo que se dá em um instante, mas um processo longo de luta e perseverança aliado às oportunidades e às competências, pois nem todos conseguiram dar esse salto de qualidade. Alguns entrevistados já trabalhavam em outra atividade e não perceberam uma mudança expressiva em sua condição material, principalmente por não terem ingressado de forma imediata na esfera do trabalho. Outros, muito embora afirmem ter vivenciado mudanças econômicas significativas, revelam que a grande transformação ocorreu de fato no âmbito do simbólico. Mais do que fazer sonhar com um futuro, cada trajetória demonstra uma realidade objetiva, tanto no que concerne à transformação da qualidade de vida quanto na forma de serem considerados e reconhecidos na sociedade. Isso é significativo do ponto de vista das representações sociais brasileiras.

A seguir, apresento alguns dos depoimentos ilustrativos das transformações ocorridas na vida dos indivíduos entrevistados.

Vemos, por exemplo, no discurso da entrevistada 5, que houve uma melhoria significativa em sua vida, se comparada a uma realidade comum vivida pela maioria do estudantes das camadas populares que ingressam no ensino superior. Além de ter ascendido economicamente, foi fundamental em sua trajetória a possibilidade de indivíduos da sua família pensarem em fazer o mesmo por intermédio da educação superior:

> [...] algumas pessoas hoje na família pensam em ascender socialmente. E de certa forma a gente sabe que quando nasce numa família empobrecida, com pouca possibilidade, a educação é única saída, é o único caminho para que você possa realmente entrar no mercado de trabalho e ascender socialmente. Então, hoje eu posso falar que a minha família se modificou, a gente tenta ainda, a gente luta, batalha para conseguir fazer algumas coisas, mas hoje a gente sonha em relação às coisas que anos atrás a gente não podia sonhar: de poder ter uma casa mais confortável, de poder ter um carro. A gente sonhava em ter carro em casa e hoje o

pessoal lá em casa pensa nisso. A minha irmã tem um carro. Tenho uma irmã que fez faculdade, é funcionária federal, comprou a casa dela, coisas que de cinco anos atrás a gente não pensava que poderia ter. (Entrevistada 5. Formada em História em 2001. Rio de Janeiro, 24/3/2006)

A entrevistada 10 afirma que, além de ter melhorado de situação financeira, a grande mudança se deu no âmbito do simbólico, com a entrada de sua irmã no ensino superior.

Eu terminei o ensino médio e fui trabalhar num escritório de contabilidade, ganhava um salário mínimo e trabalhava bastante, na cidade, e morava com minha mãe. Minha mãe trabalhava no comércio, sempre foi comerciária [...] e tenho uma irmã mais nova. Quando eu estava entrando na universidade ela estava saindo do ensino médio. Hoje não, eu moro sozinha, sou casada, mas ganho bem mais do eu ganhava. Então, a vida hoje é bem melhor, tenho acesso a mais coisas que não tinha antes [...] mais acesso culturalmente, mais cinema, mais teatro, mais dessas coisas, além de benefícios, coisas materiais mesmo [...]. Eu fui a segunda pessoa da família que entrou na universidade. A minha irmã entrou na Uerj, para fazer Filosofia, e logo depois passou aqui para a PUC-Rio para fazer Letras. Já terminou, fez mestrado, defendeu e agora está se preparando para o doutorado. Essa é a grande mobilidade. Todo mundo está se encaminhando, não só culturalmente, óbvio que financeiramente também [...] mas há esse empenho, essa mudança de caminho. (Entrevistada 10. Formada em Serviço Social em 2000. Rio de Janeiro, 4/5/2006)

A entrevistada 13 afirma ter sentido melhoria de vida material, destacando os momentos difíceis pelos quais passou na PUC-Rio. Sua entrevista é importante porque retrata um momento expressivo da história do convênio da universidade com o PVNC, apontando os benefícios oferecidos pela instituição como um dos instrumentos para a permanência e graduação de muitos dos estudantes pobres que lá ingressam.

> Então, é para chorar. Na época, eu gastava R$ 120 por semana de passagem, pegava carona, comia pão com ovo ali na Afpuc. Depois veio o Fesp e eu fui uma das primeiras beneficiadas, mas não era essa coisa que é hoje, essa coisa boa: é passagem para o dia todo, é almoço todos os dias. Era assim, um talãozinho, aquele antigo talãozinho de vale-transporte com vinte e cinco *tickets* para o mês todo, ou recebia cinco vales para o lanche no antigo *Subway* ou bandejão, e fora isso o que tinha mesmo certo eram as cotas de xerox, que nós tínhamos 50 por mês, que o ciclo básico dava. Não era nada demais que desse para o mês todo, como é agora, os meninos do Fesp têm o mês todo garantido. Não sei como é agora, mas naquela época o Fesp só ajudava até o quinto período, porque eles acreditavam que no quinto período você já consegue arrumar estágio. Agora está legal, porque eu tenho renda própria. (Entrevistada 13. Formada em Letras em 2001. Rio de Janeiro, 20/7/2006)

Uma das mais expressivas trajetórias de "sucesso" é a da entrevistada 12. Esta reflete, no sentido econômico e simbólico, a importância de ampliar o acesso das camadas populares ao ensino superior; esse é um dos principais instrumentos para eliminar a desigualdade social. De início, ela nos fala do ingresso e da permanência na universidade, da dificuldade que os estudantes pobres experimentam nesse começo, destacando os percalços e as humilhações pelas quais passou para conseguir se formar. Depois, aponta que sua conquista não é somente individual, mas principalmente coletiva, da qual participam familiares e vizinhos. De seu discurso brota toda a essência do que transmito nestas páginas. Dele também brota o sentido que quero dar às expressões "efeito multiplicador" e "afrocidadanização":

Essa é para chorar [...] o ingresso na universidade foi muito duro. Meu pai era motorista de ônibus, minha mãe trabalhava com projeto social. A gente sempre teve uma consciência social por causa disso, mas a média salarial da minha família na época devia ser R$ 600, e as passagens para a PUC custavam quase R$ 300, metade do orçamento da família. Passei roupa para pagar passagem, vendi bijuteria, fiz cruz na boca, como se diz dos pobres [...] a gente fica com fome, fiquei com fome na PUC. Eu [...] estava no meio do curso quando foi criado o Fesp, mas não tive acesso. Para mim foi muito difícil, porque eu fiquei com fome, eu pedi carona, como meu pai era motorista de ônibus, para eu economizar na passagem, e a passagem era caríssima [...] até fui posta para fora do ônibus, óbvio. Então, eu costumo dizer que a minha entrada na faculdade foi um processo de degradação da minha autoestima, tão grande! Porque, como a gente entra na faculdade dessa maneira, você está tão acostumado a baixar a cabeça. Sempre falo isso! Você baixa a cabeça para pedir carona, você baixa a cabeça para pedir xerox, você baixa a cabeça para a professora para falar que não tem um DVD em casa para assistir o filme que ela pediu. Você baixa a cabeça para dizer que você não pode comprar o livro. Resultado: quando termina o curso, você não consegue mais levantar a cabeça, porque está com torcicolo. Seu pescoço está tão duro! Você está com a cabeça tão para baixo que demora a levantar. Eu acho que demorei. Eu tenho cinco anos de formada! Pelo menos nos últimos quatro, fiquei tentando levantar a cabeça. Eu tive depressão! Foi um processo de degradação da autoestima [...] Eu fico pensando: graças a Deus os pobres e negros chegaram à universidade. Mas, meu Deus, a que custo! Que custo é esse? Que degradação é essa? Talvez tenha pessoas que não se recuperem jamais, eu pude me recuperar, enfim, minha vida material era isso. Hoje, eu ganho um excelente salário em relação à população brasileira, não em relação aos apresentadores, não em relação a quem faz a mesma coisa que eu, meu salário é baixo em relação às pessoas que têm a mesma função. Ganho um salário baixo em relação a eles, mas conquistei muitas coisas, e essa conquista não foi minha, foi uma conquista familiar. Com isso, a minha irmã está na universidade, está se formando, tem melhorado, melhorou a vida dos meus pais, e melhorou muito a minha vida. Estou pagando a minha casa própria, claro que tudo ainda é início, começando uma casa, mas já tenho um carrinho, não ando mais de ônibus há um ano e pouco, dois [...] há uma mudança drástica da minha vida, fora o *glamour* de ser apresentadora, muito mais *glamour* do que tudo.

[...] Digamos que hoje eu não sustento a minha família, mas sou arrimo também da minha família. É a conquista que eles não teriam, tipo um carro mais novo, uma geladeira nova, as conquistas extras que não se conseguiriam com o salário, são conquistas minhas também, nossas, juntos [...] a minha irmã estuda francês, ela precisa fazer um curso de francês, eu pago o curso dela [...], ela estuda na universidade pública. O meu irmão tem um trabalho lá. Então, são conquistas coletivas. Meu marido trabalha com gráfica, a gente juntou dinheiro, está comprando uma máquina e com isso mudou a família dele também, ou seja, um ciclo, que muda a vida das pessoas que estão à sua volta, [...] faz seus primos, seus sobrinhos, sonhar que é possível. Isso é o mais importante [...] você ajuda as pessoas a começar a sonhar. Isso para mim não tem preço. Não é você contribuir com o carro da sua mãe, ou contribuir com o orçamento familiar [...] É saber que a sua sobrinha fala: "Ah, eu vou fazer jornalismo também!" Ou então o seu sobrinho fala: "Minha tia conseguiu, vou fazer medicina!" Jamais se sonhava em entrar na universidade. Eu fui a primeira pessoa da minha família a entrar na universidade. [...] Hoje eu tenho quatro pessoas [da família] na universidade. E quase todos da nova geração sonham [...]. (Entrevistada 12. Formada em Comunicação Social em 2001. Rio de Janeiro, 18/7/2006)

Como expressam os discursos desta sessão, o ingresso imediato no mercado de trabalho proporcionou uma mudança significativa na vida material, individual e familiar de alguns dos entrevistados, mas não vivemos no melhor dos mundos; portanto, para outros, a mudança não foi significativa. Não ter alcançado êxito imediato foi uma realidade para outros entrevistados, cuja vida material se manteve semelhante à anterior ao ingresso na universidade.

As entrevistadas destacam como principais fatores disso o fato de não terem ingressado imediatamente no mercado de trabalho nem terem ainda trabalhado em uma função condizente com a formação e com um salário melhor. Essa é a realidade para as entrevistadas 1 e 4, e esta última aponta que a transformação principal se deu no plano simbólico, na carreira escolhida, o que elevou sua autoestima:

> Caramba, diferente, é claro! [...] eu trabalho desde os 14 anos, sempre trabalhei, fiz o ensino médio trabalhando durante o dia para pagar o colégio em que eu estudava à noite [...] meu pai não tinha condições de pagar o colégio, eu estudei em colégio particular, mas desse tipo de colégio particular que é um colégio público [...] comecei a trabalhar com meus 14 anos numa fábrica de costura, entrei lá como auxiliar de serviços gerais, depois passei para aprendiz de costureira, saí de lá porque eu consegui numa fábrica mais perto de casa, eu ia estudar com mais tranquilidade, depois me tornei costureira profissional, ganhava um salário de profissional. [...] Quando passei para a PUC-Rio, eu tive que sair do trabalho, porque o curso era durante o dia, praticamente se ficava na universidade o dia todo, não tinha como eu trabalhar fora, saí do trabalho e fiquei me mantendo durante quase um ano com a minha rescisão, quando meu dinheiro acabou, minha irmã me ajudou até sair este estágio [...] Não! Ainda não houve mobilidade! Bom, meu caso pode ser até uma exceção, mas acredito que ainda não houve porque não consegui trabalho, efetivamente não ingressei no mercado de trabalho, ainda não trabalhei em uma função em que o salário fosse melhor, condizente com a minha formação, mas acredito que se a gente for pensar que as pessoas

que conseguem, depois da universidade, entrar no mercado de trabalho em sua função – às vezes nem precisa ser na função em que se formou [...] mas que o salário seja um pouco melhor – há mobilidade, sim. Mas se você não consegue ingressar logo no mercado de trabalho, fica difícil. (Entrevistada 1. Formada em Ciências Sociais em 2002. Rio de Janeiro, 16/12/2005)

A entrevistada 4, por estar há pouco tempo na carreira em que se formou e pela especificidade do público que atende, como diz, "pessoas desassistidas da sorte", revela em seu discurso que a mudança significativa em sua vida aconteceu no âmbito simbólico:

Bem, eu continuo trabalhando como professora. [...] Mas é ótimo estar formada, é ótimo ter uma carteirinha da "Ordem" [Ordem dos Advogados do Brasil – OAB], é bom você chegar nos locais, eu me sinto bem. Eu gosto de apresentar que sou advogada, porque foi com muita luta, então, não tem que esconder isso. Agora, em relação à ascensão financeira, eu ainda não estou colhendo os frutos do meu curso. Porque neste escritório [inaugurado em 2005], em que trabalho com minha amiga, a gente ainda não está tirando receita. A gente está investigando, investigando, porque a gente sabe que vai vir, mas ainda não tem, até porque a maioria dos nossos clientes é de pessoas desassistidas da sorte e não adianta cobrar, porque eles não têm para pagar, só o essencial, tirar xerox, aquelas coisas. Então, são ações que a gente vai conseguir, e como a gente começou mesmo em janeiro, a maioria das ações vai ser resolvida agora. (Entrevistada 4. Formada em Direito em 2000. Duque de Caxias, 23/3/2006)

Por fim, o caminho para a transformação das condições materiais de existência dos indivíduos das camadas mais pobres da nossa sociedade – não importando se são negros ou não, pois nem todos cuja vida melhorou se declararam negros – começa com um pequeno gesto, com uma pequena ação, com a agência humana de cada um de nós. E essas ações se espalham pela sociedade, como um contágio, e seu efeito multiplicador transforma caminhos e realidades.

O efeito multiplicador: a participação comunitária

Um dos aspectos mais importantes da análise da trajetória de vida dos entrevistados é o impacto que sua formação acadêmica teve sobre sua família e sua comunidade de origem. O desenvolvimento de novos projetos e a participação ativa em projetos já existentes, em especial os ligados aos pré-vestibulares, é um traço marcante na trajetória de alguns desses indivíduos. As entrevistas mostram que essa peculiaridade continua muito forte, mas também que outros se afastaram de suas comunidades à medida que foram empreendendo outras atividades.

A perspectiva de quem se forma e consegue ingressar imediatamente na esfera do trabalho e, em função disso, inicia um processo de ascensão social, principalmente convivendo cotidianamente com a violência, seria a de seguir o caminho "natural" em busca de outros lugares mais tranquilos para viver, quase sempre distantes da comunidade onde nasceu e se criou. Mas, em alguns dos casos estudados, os indivíduos mantiveram seu vínculo com a comunidade mesmo depois de ter ascendido socialmente. De maneira geral, todos os entrevistados colaboraram de alguma forma com suas comunidades e ajudaram muitos dos seus vizinhos e familiares a melhorar de vida.

Há inúmeras formas de contribuição, como dar palestras, como convidados, nos pré-vestibulares; há os que exercem atividades em ONGs ligadas às comunidades pobres, e aqueles que estão contribuindo com o fortalecimento da comunidade dando aulas nas escolas do bairro onde moram.

Entre as diversas formas de contribuição, quero destacar a desenvolvida pela entrevistada 9, que, como comentei, dirige sua formação acadêmica para trabalhar em função da comunidade. Ela destaca o fato de as pessoas irem até ela para conversar, para perguntar determinadas coisas, para pedir orientação. Diz ainda que "a forma como as pessoas veem essa oportunidade é bem diferente, porque para algumas pessoas isso está muito distante da realidade, então faz diferença".

Destaco ainda que a sua "agência" a levou a desenvolver seu pensamento e seu trabalho para tentar melhorar a qualidade de vida das pessoas que ali moram. Isso a ajudou a fundar uma ONG, por meio da qual desenvolve uma série de projetos criados com base nas dificuldades encontradas na comunidade. Tal atitude faz uma diferença significativa em sua comunidade. A respeito dessa ação afirmativa e de seus projetos, ela diz:

> Hoje a gente desenvolve uma série de projetos a partir das dificuldades que a gente vê nessa comunidade. Temos um conselho, que chamamos de conselho da comunidade, em que reunimos uma série de líderes, de moradores, creche, igrejas, para nos ajudar a pensar quais são os problemas e como a gente interage com essa comunidade. Eles apontaram que tinha muita gente analfabeta, então a gente trouxe um projeto de alfabetização de jovens e adultos [...] a gente já trabalhava com a questão do pré-vestibular [...] tem muitas mulheres chefes de família na comunidade, sem recursos, sem fonte de renda, então montamos um projeto para usar o grafite como forma de geração de renda. Então, a gente está sempre em contato com essa comunidade, pensando em quais são as necessidades e em como interagir. Acho que, nesse sentido, todo o trabalho que eu faço e a minha formação acadêmica eu uso para trazer coisas e pessoas [...] para tentar melhorar a qualidade de vida das pessoas que moram aqui. (Entrevistada 9. Formada em Letras em 1998. Duque de Caxias, 31/5/2006)

Outra importante contribuição é dada pela entrevistada 12, não só no sentido de sua atividade ligada às aulas de redação, que continua dando no pré-vestibular onde estudou, mas principalmente pelo efeito simbólico de sua conquista – que ela julga não ser apenas dela, mas de todos – para a comunidade.

> Faz dez anos que dou aula no pré-vestibular. [...] Quando entrei na universidade, fundei um pré-vestibular lá na comunidade, hoje meus ex-alunos são professores, eu fiquei velha. Vários professores são ex-alunos meus, os meninos ficam me encarnando, "como assim, você deu aula para o professor de matemática, deu aula para o professor de história", e eles se formaram. Então, lá na comunidade, uma rede, uma teia, o pré-vestibular caminha sem mim. Eu fiquei dois anos em São Paulo, eles continuaram a vida. Eu voltei, assumi lá o posto de novo, dou aula de redação, e já passaram, sei lá, 500, 600 alunos pela minha mão, então, eu contribuo dessa maneira. (Entrevistada 12)

A entrevistada 12 também faz um retrato da vida em comunidade – em especial do orgulho que algumas das pessoas sentem por essa conquista, que marca fortemente a vida deles.

> [...] para mim é mais difícil, acho que complicado, fazer essas perguntas, porque tem a questão do *glamour*. Eu estou sempre na minha comunidade, estou lá todo sábado e domingo, inclusive dou aula ainda no pré-vestibular. Então, é exemplo não só para minha família [...] a conquista da universidade na minha vida foi uma conquista coletiva, inclusive do bairro, dos vizinhos. Eu lembro que não tive dinheiro para fazer a formatura, e aí no dia da minha formatura [...] minha mãe foi comigo, eu assinei o livro de colação de grau. Pois é, eu assinei meio triste [...] e quando eu cheguei em casa meio assim, sabe, [...] tinha uma megafesta, todos os meus vizinhos estavam organizando aquela festa havia um mês, sabe, cada um [...]chegou com um prato disso, daquilo, quando eu abri o portão es-

tava o bairro inteiro dentro do quintal da minha mãe [...]. Ninguém teve uma formatura como a minha, maravilhosa. Então, foi uma conquista de todo mundo, todo mundo está sempre lá participando, todo mundo acha o máximo que eu esteja lá, que eu apresente o jornal e no domingo esteja lá sentada na barraca com eles, eles acham o máximo isso, mas é a vida, vida normal, continua a vidinha simples. (Entrevistada 12)

Destaquei as relações comunitárias porque compreendo que cada indivíduo, com a sua "agência" ou como sujeito coletivo, a partir das redes de solidariedade, tem feito diferença nas comunidades pobres, operando uma verdadeira mudança de *habitus*. Desse modo,

> se o *habitus* representa a incorporação nos sujeitos de esquemas avaliativos e disposições de comportamento a partir de uma situação socioeconômica estrutural, então mudanças fundamentais na estrutura econômico-social devem implicar, consequentemente, mudanças qualitativas importantes no tipo de *habitus* para todas as classes sociais envolvidas de algum modo nessas mudanças. (Souza, 2006, p. 62)

Afinal, é nessas comunidades, em que os indivíduos convivem diariamente com o descaso das autoridades e com a violência, que tem surgido o verdadeiro sentido de cidadanização, ou seja, o compromisso que cada um tem em sua intervenção política como cidadãos conscientes da necessidade de transformar sua realidade social. Ao manter esse forte vínculo com a comunidade, esses indivíduos, servindo de exemplo e referência, ajudam os outros a sonhar com o ingresso na universidade e com a possibilidade de conquistar melhores oportunidades na vida. Esse dado é significativo porque demonstra que, por serem negros em ascensão social, eles trazem um novo paradigma de análise, pois assim como é possível ascender e permanecer negro é possível ascender socialmente e manter o vínculo com a comunidade – sem deixar de reconhecer sua origem pobre.

Capítulo 7

Depois do "sucesso": algumas conclusões

Inspirado por Marx, na passagem de *O 18 brumário de Luís Bonaparte* (Marx, 1978, p. 331) – "a revolução social [...] não pode tirar sua poesia do passado, e sim do futuro" –, ouso dizer que esta obra não pode extrair sua poesia do passado, pois sua verdadeira inspiração está no devir de uma sociedade que começa a se transformar. A revolução silenciosa que as ações afirmativas puseram em marcha na última década no Brasil só poderá extrair sensibilidade e harmonia da transformação das relações sociais e raciais brasileiras no futuro, cujo presente já começou a construir.

Todos os achados deste trabalho apontam para essa condição de processo, de devir, de futuro. É certo que ainda há muito que se fazer, muita luta a enfrentar, mas o conjunto de vivências e percepções dos entrevistados reflete essa potencialidade "revolucionária" das ações afirmativas, ou seja, de transformação profunda nas condições materiais, culturais e simbólicas na vida dos indivíduos negros brasileiros. Isso, claro, caso se mantenham e se ampliem os esforços por garantir mais e melhores oportunidades para esses indivíduos nas instituições de ensino superior do país.

Esse olhar para o futuro é fundamental para compreendermos a importância das ações efetuadas no passado. A inspiração desta obra surgiu do meu olhar sobre as ações afirmativas propostas pelo PVNC, e acolhidas pela PUC-Rio na década de 1990, com o objetivo de ampliar o ingresso da população pobre ao ensino superior. Assim, constatei como atuação do PVNC foi significativa para garantir a presença do negro no ensino superior e para que a PUC-Rio iniciasse seu pioneiro programa de ações afirmativas no Brasil.

E já que estamos falando de "sucessos", este foi, sem dúvida, o primeiro grande "sucesso" alcançado por esse movimento social, que possibilitou aos negros – representados pelos indivíduos entrevistados – dar concretude a um "sonho impossível" e, além disso, sonhar com mais, fazer sonhar e conquistar outros "sucessos". O futuro do PVNC e de outros movimentos sociais negros sugere – como continuidade desse tipo de ação, e também como "sucessos" dela – a necessidade de ampliar as atuais ações afirmativas e de conceber novas, que sigam depositando no futuro as sementes de muito mais poesia.

Por todas essas razões, como já frisei, é importante continuarmos a olhar para o futuro, em especial porque, com a implantação do ProUni, o convênio entre a PUC-Rio e os pré-vestibulares comunitários e populares em rede terminará. Termina uma etapa importante de "sucessos"; no entanto, isso não significa que chegou ao fim a conquista de espaço dos estudantes negros na PUC-Rio – apenas mudam as formas e os caminhos pelos quais tal presença se dará. Talvez sofram perdas os estudantes oriundos dos pré-vestibulares populares que mantinham convênio com a PUC-Rio – já que todos eles, ao passar pelo crivo do vestibular, eram imediatamente beneficiados pelo programa de bolsas de ação social –, mas talvez aumente o leque de possibilidades para outros estudantes. O importante é que começa agora outra etapa, para a qual a base da luta dos movimentos sociais negros pela igualdade de oportunidades já está construída.

Como creio haver deixado claro aqui que a mudança substancial nas relações raciais na sociedade brasileira está em processo, e ela apenas se consolidará na medida em que os profissionais se formem e sejam reconhecidos e valorizados por sua capacidade, ocupando *loci* profissionais e sociais que lhes sejam correspondentes. E, se eles forem bem capacitados, por certo não deverão ser espaços de subalternidade.

Quando me propus pesquisar a trajetória profissional dos bolsistas de ação social formados pela PUC-Rio, mantive como referência minha história pessoal, que é pautada na perseverança, no desejo de superação, na aceitação da necessidade da luta e no prazer e no orgulho aferidos dos "sucessos". Minha trajetória reflete e dá concretude ao conceito de afrocidadanização: nascido em comunidade pobre, consegui, com extrema dificuldade, superar diversos momentos difíceis e ingressar na universidade. E, mesmo sofrendo com a insuficiência de capital cultural, superei-os e venci, me graduei, fiz mestrado e hoje sou doutor. Mas são também minhas velhas conhecidas as sutilezas das barreiras invisíveis, silenciosas, dissimuladas e aparentemente impossíveis de ser transpostas. Assim, se é certo que posso contar muitos "sucessos" pessoais, é também verdade que o "sucesso" que um dia imaginei atingir ainda está por vir, profissional e materialmente falando. Mas, como disse Marx, a poesia da revolução está no futuro. Se isso é verdade para mim, aparentemente é verdadeiro também para todos os entrevistados com os quais tive o privilégio de conversar.

Ao adotar minha história como ponto de partida, procurei utilizá-la como referência intelectual e emocional para compreender as realidades e percepções narradas pelos entrevistados, cada qual interpretando sua trajetória de maneira própria, mas todos apontando para uma realidade que se esquiva de ser plenamente conhecida, que é difícil de ser traduzida, mas está repleta de simbolismos: a realidade das relações raciais no Brasil. As experiências que vivenciei superaram todas as minhas expectativas no que se refere ao estado atual de consciência dos entrevistados sobre as difíceis e perversamente duradouras relações raciais no país.

Ainda relacionado com o fato de que compartilho com os entrevistados várias formas de identidade – de trajetória de vida, de *locus* de origem, de *locus* na PUC-Rio e, com mais de 70% deles, uma identidade racial –, essas semelhanças constituíram um elemento crucial para que as entrevistas fluíssem sem amarras, revelando mais do que seria de esperar. Quanto a isso destaco dois aspectos tão importantes quanto inesperados surgidos no transcurso do trabalho.

O primeiro diz respeito à importância simbólica da pesquisa para os entrevistados. A trajetória de cada um revelou-se importante fator de reconhecimento social, que reforça sua autoestima e contribui para afirmar sua identidade racial. Isso equivale a dizer que os estudos sobre as experiências concretas de enfrentamento e superação das desigualdades raciais no Brasil não apenas constituem uma temática inovadora a ser explorada como também, e principalmente, são uma enorme contribuição para os movimentos sociais que buscam a afirmação de identidades raciais positivas.

O segundo aspecto diz respeito ao valor ético que essas trajetórias de vida demonstram ter – o que chamei de "efeito multiplicador". Este não se restringe apenas às esferas de nossas famílias e comunidades de origem, mas impactam positivamente a própria universidade e a sociedade da qual todos fazemos parte. Ainda que tenhamos de continuar lutando para que nossa história de vida possa servir de exemplo para muitos, e para que outros vivam uma realidade mais justa do ponto de vista racial e social, essa luta nos reforça e valoriza como indivíduos e como afrocidadãos.

Quase todos somos "bem-sucedidos". Embora apenas um quarto de nós tenha frequentado os cursos mais "prestigiosos" da universidade, de dez formados, quase nove conseguimos nos empregar razoavelmente. Mas os números sugerem também que, de 100 bolsistas formados, apenas sete de nós conseguirá uma posição no mercado que seja cobiçada por muitos, ou que seja "glamourosa". De qualquer maneira, quase 80 de nós estarão trabalhando na carreira pretendida recebendo, pelo trabalho que desempenhamos, uma remuneração que significará uma melhora substantiva de vida. Somos mesmo vencedores, e as evidências ilustram essa realidade, que é um percurso sem volta para cada um de nós, para nossas famílias e comunidades.

Mas há muito mais a ser conquistado, como eu já disse várias vezes. Devemos também nos transformar em docentes, em pesquisadores, para ensinar as próximas gerações de estudantes negros com outros valores e visões de mundo, construindo conhecimento com base em pontos de vista renovadores. Colocar claramente o debate sobre cidadania em termos de raça significa ir levantando os muitos véus de silenciamento, de invisibilidade, de discriminação e de preconceito que ainda recobrem as relações sociais e raciais do Brasil.

Os achados deste trabalho indicam que a ampliação de oportunidades no ensino superior é a principal responsável pelo aumento dos capitais cultural, social e econômico dos indivíduos provenientes das camadas pobres e, particularmente, dos membros da população negra. Nesse sentido, as ações afirmativas têm contribuído fortemente com significativas transformações nas condições de ingresso dos negros na esfera do trabalho. Eles já não ocupam exclusivamente posições subalternas, como as histórias de vida aqui narradas ilustram.

Em função dessas narrativas, mesmo que por diversas circunstâncias alguns de nós ainda nos encontremos em situação de subvalorização, creio que as posições "desejáveis" na esfera do trabalho serão ocupadas em futuro próximo por profissionais negros, à medida que mais de nós sejamos capacitados para o exercício dessas funções. Acredito que o simples fato de cada vez mais profissionais negros capacitados entrarem no mercado tornará menos desigual a divisão racial do trabalho no Brasil.

Apesar do otimismo que a amostra de entrevistados permite ter a esse respeito, é bom lembrar que no Brasil persistem formas sutis de discriminação racial. Isso é particularmente verdadeiro quando se trata de posições laborais ligadas a poder e prestígio (*glamour*), pois, como se sabe, "o Brasil discrimina pela cor da pele, pelos traços africanos e não pela árvore genealógica" (Leitão, 2004, p. 218).

As sutilezas da discriminação racial à brasileira, pautadas principalmente no "fenótipo" – tomado por Castro e Guimarães (1993) como uma forma de capital –, têm sido solapadas pelas recentes transformações operadas na consciência racial, uma das maiores contribuições que a educação superior tem prestado aos negros. Chama a atenção o fato que dez dos 14 entrevistados se autoidentificam como negros, embora, fenotipicamente, muitos deles pudessem ter se identificado de outra maneira. Além disso, o tema permite inúmeras reflexões sobre identidade racial e racismo. Essa construção de uma identidade racial negra positiva vem transformando o *habitus* cultural da sociedade brasileira, que lentamente passa da desqualificação do negro e do descrédito da sua capacidade profissional para o reconhecimento de suas conquistas individuais e coletivas nas esferas da educação superior e do trabalho.

A passagem pela universidade, além de ampliar nosso capital cultural oferecendo melhores oportunidades de ingresso na esfera do trabalho, para muitos dos entrevistados ampliou também o capital social, promovendo uma mobilidade em geral inexistente para os negros. A colocação profissional em uma posição condizente com a formação recebida na universidade permitiu que quase 70% dos entrevistados sentissem uma melhoria das condições materiais de vida, que foi sentida tanto no plano pessoal quanto no familiar, com efeitos multiplicadores para toda a comunidade. Essas oportunidades, que são de naturezas distintas, além de permitir a ampliação do capital econômico, ajudaram a garantir direitos, contribuindo fortemente para a conquista da cidadania dos entrevistados. Nesse aspecto, posso dizer que as ações afirmativas têm ampliado os direitos de cidadania dos negros, ou seja, estas vêm atuando como poderosa ferramenta no processo de afrocidadanização.

O sentido de compromisso dos entrevistados para com suas comunidades de origem é um dado muito relevante para esta obra. Surpreendentemente, quase todos os sujeitos da pesquisa, em especial aqueles que se declararam negros, pautaram sua vida acadêmica e profissional não apenas no desejo de transformar sua realidade material e cultural, mas também de ajudar a transformar a própria comunidade. Além disso, ao que parece, eles também encontraram na PUC-Rio um espaço de liberdade para professar suas pertenças sociais, raciais, éticas e estéticas e trabalhar por elas.

O que aconteceu com os estudantes provenientes dos pré-vestibulares comunitários e populares em rede beneficiários das ações afirmativas da PUC-Rio após sua graduação? As respostas são muitas e de muitas naturezas.

Sem exceção, eles são todos "bem-sucedidos": passaram em um vestibular concebido para privilegiar os que têm um capital cultural que eles não tinham. Cursaram uma universidade de elevado padrão acadêmico cujos alunos, professores e funcionários não sabiam lidar com suas especificidades, não compartilhavam experiências e vivências e se definiam em outros termos sociais e raciais. Ainda assim eles se formaram. É certo que três quartos deles nos cursos menos "prestigiosos", mas o fizeram com mérito acadêmico em mais da metade dos casos. Vieram de locais distantes, enfrentaram dificuldades de toda ordem – acadêmicas, econômicas, pessoais, culturais –, mas se tornaram "filhos da PUC", transformando a si mesmos, suas famílias, suas comunidades de origem e a própria PUC-Rio. Todos para melhor.

Depois, saíram para o mercado de trabalho, e nove de dez deles se colocaram, logo após a formatura, em posições laborais compatíveis com sua formação, recebendo salários condizentes com as funções por eles desempenhadas. Transformaram materialmente sua vida pessoal e a vida material de suas famílias. Além disso, 70% deles continuam comprometidos com suas comunidades de origem.

Fizeram mais. Mantiveram seus laços sociológicos fortemente atados, não se mudaram em massa para áreas melhores e mais ricas das cidades: permaneceram onde sempre estiveram. Sua trajetória inspira e ilumina os sonhos de irmãos, sobrinhos, parentes e vizinhos. Transformaram educação em valor familiar e comunitário, e desse "valor" extraem outros, éticos e estéticos, para suas comunidades.

Estão se transformando e, ao fazê-lo, "revolucionam" seu universo. Muitos "denigriram", a educação tornando-os cada vez mais negros: mais negros e mais cidadãos.

Referências bibliográficas

ANDREWS, George Reid. "Ação afirmativa: um modelo para o Brasil?" In: SOUZA, Jessé et al. (orgs.). *Multiculturalismo e racismo: uma comparação Brasil-Estados Unidos*. Brasília: Paralelo 15, 1997, p. 137-144.

BAIERLE, Sérgio Gregório. "A explosão da experiência: emergência de um novo princípio ético-político nos movimentos sociais urbanos em Porto Alegre". In: ALVAREZ, Sonia E.; DAGNINO, Evelina; ESCOBAR, Arturo (orgs.). *Cultura e política nos movimentos sociais latino-americanos*. Belo Horizonte: Editora UFMG, 2000, p. 185-287.

BOUDON, Raymond. *Efeitos perversos e ordem social*. Rio de Janeiro: Zahar, 1977.

BOURDIEU, Pierre. *A miséria do mundo*. Petrópolis: Vozes, 1998.

_____. *Escritos e educação*. 7ª edição. Petrópolis: Vozes, 2005.

_____. *Sociologia*. Renato Ortiz (org.). Série Grandes Cientistas Sociais 39. São Paulo: Ática, 1994.

BOURDIEU, Pierre; PASSERON, Jean-Claude. *A reprodução: elementos para uma teoria do sistema de ensino*. 3ª edição. Rio de Janeiro: Francisco Alves, 1992.

BRANDÃO, Zaia; ALTMAN, Helena. *Algumas hipóteses sobre a transformação do habitus*. Disponível em: <http://www.maxwell.ele.puc-rio.br/cgi-hiv/PRG_0599.EXE/5915.PDF>. Acessado em 21/1/2007.

BRAUDEL, Fernand. *Escritos sobre a história*. 2ª edição. São Paulo: Perspectiva, 1992.

BRITO, Jadir Anunciação de. *A igualdade na lei e a desigualdade pela raça. Pluralismo jurídico e constitucionalismo comunitário: a ação afirmativa no Brasil*. Dissertação de Mestrado, PUC-Rio, 1999.

CANDAU, Vera Maria. "Universidade e diversidade cultural: alguns desafios a partir da experiência da PUC-Rio". In: PAIVA, Angela Randolpho (org.). *Ação afirmativa na universidade: reflexão sobre experiências concretas Brasil-Estados Unidos*. Rio de Janeiro: Editora PUC-Rio/Desiderata, 2004, p. 87-108.

CANDAU, Vera Maria; ANHORN, Carmen Tereza Gabriel. *A questão didática e a perspectiva multicultural: uma articulação necessária*. Rio de Janeiro: PUC-

Rio, 2001. Disponível em: <http://www.anped.org.br/reunioes/23/textos/0413t.PDF>. Acessado em 30/3/2007.

CASTELLS, Manuel. *O poder da identidade*. São Paulo: Paz e Terra, 1999.

CASTRO, Nádia Araújo; GUIMARÃES, Antônio Sérgio. "Desigualdades raciais no mercado de trabalho e nos locais de trabalho". *Estudos Afro-Asiáticos*, ano 24. Rio de Janeiro: CEAA, 1993.

COLEMAN, J. "Social capital in the creation of human capital". In: *American Journal of Sociology*, v. 94, Supplement, 1988, p. S95-S120.

COSTA, Sérgio; WERLE, Denílson Luís. "Reconhecer as diferenças: liberais, comunitaristas e as relações raciais no Brasil". In: AVRITZER, Leonardo; DOMINGUES, José Maurício (orgs.). *Teoria social e modernidade no Brasil*. Belo Horizonte: Editora UFMG, 2000.

DAGNINO, Evelina; ALVAREZ, Sonia E.; ESCOBAR, Arturo. "O cultural e o político nos movimentos sociais latino-americanos". In: ALVAREZ, Sonia E.; DAGNINO, Evelina; ESCOBAR, Arturo (orgs.). *Cultura e política nos movimentos sociais latino-americanos*. Belo Horizonte: Editora da UFMG, 2000, p. 15-57.

DAUSTER, Tânia. "Bolsistas e elite: tensão e mediação na construção diferencial de identidades de estudantes universitários". Disponível em: <http://www2.dbd.puc-rio.br/pergamum/docdigital/tania_dauster/page4.html>. Acessado em 9/3/2007.

Desigualdade racial no mercado de trabalho. Boletim Dieese, edição especial, novembro de 2002. Disponível em: <http://www.dieese.org.br/esp/negro2002.pdf>. Acessado em 31/11/2006.

ELIAS, Norbert; SCOTSON, John. L *Os estabelecidos e os outsiders: sociologia das relações de poder a partir de uma pequena comunidade*. Rio de Janeiro: Jorge Zahar, 2000.

FERREIRA, Ricardo Franklin. *Afrodescendente: identidade em construção*. São Paulo: Educ/Rio de Janeiro: Pallas, 2000.

FONSECA, Denise. "Discutindo os termos de uma equação de congruência: cultura e desenvolvimento sustentável". In: GOMES, Maria de Fátima Cabral Marques; PELEGRINO, Ana Izabel de Carvalho (orgs.). *Política de habitação popular e trabalho social*. Rio de Janeiro: DP&A, 2005, p. 115-128.

FRASER, Nancy. "Da redistribuição ao reconhecimento? Dilemas da justiça na era pós-socialista". In: SOUZA, Jessé. *Democracia hoje: novos desafios para a teoria democrática contemporânea*. Brasília: Editora da UnB, 2000, p. 245-282.

FREIRE, Paulo. *Pedagogia do oprimido*. Rio de Janeiro: Editora Paz e Terra, 1982.

GOFFMAN, Erving. *Estigma: notas sobre a manipulação da identidade deteriorada*. 4ª edição. Rio de Janeiro: Koogan, 1988.

GUIMARÃES, Marco Antonio Chagas. *A rede de sustentação: um modelo de intervenção em saúde pública*. Tese de Doutorado. Rio de Janeiro: PUC-Rio, 2001.

GUIMARÃES, Reinaldo da Silva. *A dimensão afirmativa das ações: uma articulação possível entre igualdade de oportunidades e valorização social*. Dissertação de mestrado. Rio de Janeiro: Iuperj, 2001.

HALL, Stuart. "Quem precisa de identidade?". In: SILVA, Tomaz Tadeu; HALL, Stuart; WOODWARD, Kathryn (orgs.). *Identidade e diferença: a perspectiva dos estudos culturais*. 3ª edição. Petrópolis: Vozes, 2004, p. 103-133.

HELMS, Janet E. (ed.). *Black and white racial identity: theory, research and practice*. Westport: Praeger, 1993, p. 49-66.

HERINGER, Rosana. "Ação afirmativa e promoção da igualdade racial no Brasil: o desafio da prática". In: PAIVA, Angela Randolpho (org.). *Ação afirmativa na universidade: reflexão sobre experiências concretas Brasil-Estados Unidos*. Rio de Janeiro: Editora PUC-Rio/Desiderata, 2004, p. 55-86.

_____. "Desigualdades raciais e ação afirmativa no Brasil: reflexões a partir da experiência dos EUA". Publicado originalmente em inglês com o título "Addressing race inequalities in Brazil: lessons from the United States". In: *Working Papers Series n. 237, the American Program*. Washington: Woodrow Wilson International Center for Scholars, 1999.

HERKENHOFF, João Baptista. *Como funciona a cidadania*. Manaus: Valer, 2001.

HONNETH, Axel. *The struggle for recognition: the moral grammar social conflicts*. Cambridge: The MIT Press, 1996.

JELIN, Elizabeth. "Cidadania e alteridade: o reconhecimento da pluralidade". In: *Revista do Patrimônio Histórico e Artístico Nacional – Cidadania*, n. 24. Brasília: Iphan, 1996.

LEITÃO, Miriam. "Conclusão". In: PAIVA, Angela Randolpho (org.). *Ação afirmativa na universidade: reflexão sobre experiências concretas Brasil-Estados Unidos*. Rio de Janeiro: Editora PUC-Rio/Desiderata, 2004, p. 211-217.

LIMA, Jacob Carlos. "A teoria do capital social na análise de políticas públicas". *Política e Trabalho*, 17, 2001. Disponível em: <http://www.geocities.com/ptreview/17-lima.html>. Acessado em 3/1/2004.

MARSHALL, Thomas Humprey. *Cidadania, classe e status*. Rio de Janeiro: Zahar, 1967.

MARX, Karl. "O 18 brumário e cartas a Kugelmann". In: *Manuscritos econômico-filosóficos e outros textos escolhidos*. 2ª edição. São Paulo: Abril Cultural, 1978, p. 323-404.

MUNANGA, Kabengele. *O Brasil na mira do pan-africanismo*. Salvador: Ceao/Edufba, 2002.

_____. *Rediscutindo a mestiçagem no Brasil: identidade nacional versus identidade negra*. Belo Horizonte: Autêntica, 2004a.

_____. "Uma abordagem conceitual das noções de raça, racismo, identidade e etnia". *Cadernos Penesb*. Niterói: EdUFF, 2004b, p. 17-34.

NASCIMENTO, Abdias. *O quilombismo*. Petrópolis: Vozes, 1980.

NASCIMENTO, Elisa Larkin. *Sortilégio da cor: identidade, raça e gênero no Brasil*. São Paulo: Selo Negro, 2003.

"Os NEGROS nos mercados de trabalho metropolitanos". *Estudos e Pesquisas*. Dieese. Ano 3, n. 26, novembro de 2006.

PAIVA, Angela Maria Randolpho. *Valores religiosos na construção da cidadania: estudo comparativo Brasil-Estados Unidos*. Tese de doutorado. Rio de Janeiro: Iuperj, 1999.

PASTORE, José; VALLE SILVA, Nelson do. *Mobilidade social no Brasil*. São Paulo: Makron Books, 2000.

PLATÃO. *A república*. São Paulo: Nova Cultural, 1997.

PVNC. *Carta de princípios*, 1999. Disponível em: <http://www.pvnc.org/>. Acessado em 15/2/2005.

QUIJANO, Anibal. "Colonialidad del poder, eurocentrismo y América Latina". *Neplanta*, v. 1, n. 3, 2001. Disponível em: <http://muse.jhu.edu/journal/replanta/toc/nep1.3.html>. Acessado em 26/3/2007.

_____. "Colonialidade, poder, globalização e democracia". *Novos Rumos*, ano 17, n. 27, 2002, p. 1-25.

_____. "Que tal raza!". In: *Revista Venezuelana de Economia y Ciências*, v. 6, n. 1, janeiro/abril de 2000, p. 37-45. Disponível em: <www.revele.com.ve/pdf/revista_venezolana>. Acessado em 10/5/2005.

Santos, Myriam Sepúlveda dos. "Teoria da memória, teoria da modernidade". In: Avritzer, Leonardo; Domingues, José Mauricio (orgs.). *Teoria social e modernidade no Brasil*. Belo Horizonte: Editora da UFMG, 2000, p. 84-105.

Scalon, Maria Celi. *Mobilidade social no Brasil: padrões e tendências*. Rio de Janeiro: Revan/Iuperj-Ucam, 1999.

Silva, Nelson do Valle. "Diferenças raciais de rendimento". In: Hasenbalg, Carlos; Silva, Nelson do Valle; Lima, Márcia (orgs.). *Cor e estratificação social*. Rio de Janeiro: ContraCapa, 1999.

Silva, Tomaz Tadeu da. "A produção social da identidade e da diferença". In: Silva, Tomaz Tadeu; Hall, Stuart; Woodward, Kathryn (orgs.). *Identidade e diferença: a perspectiva dos estudos culturais*. 3ª edição. Petrópolis: Vozes, 2004, p. 73-102.

Souza, Jessé. *A construção social da subcidadania: para uma sociologia política da modernidade periférica*. Belo Horizonte: Editora da UFMG/Rio de Janeiro: Iuperj, 2006.

Souza, Neusa Santos. *Tornar-se negro: as vicissitudes da identidade do negro brasileiro em ascensão social*. Rio de Janeiro: Graal, 1983.

Souza e Silva, Jailson de. *"Por que uns e não outros", a caminhada de jovens pobres para a universidade*. Rio de Janeiro: 7Letras, 2003.

Taylor, Charles. *El multiculturalismo y la política del reconocimiento*. Cidade do México: Fondo de Cultura Económica, 1993.

_____. *Multiculturalism: examining the politics of recognition*. Princeton: Princeton University Press, 1994.

Tomé, Gerusa de Fátima. "Racismo: o negro e as condições de sua inserção no mercado de trabalho brasileiro no final da década de 90". *Revista Urutágua – Revista Acadêmica Multidisciplinar do Departamento de Ciências Sociais*. Universidade Estadual de Maringá, 2004. Disponível em: <http://www.urutagua.uem.br//006/06tome.htm>. Acessado em 27/9/2006.

Wacquant, Loïc. "Esclarecer o 'habitus'". Disponível em: <http://sociology.berkeley.edu/faculty/wacquant/wa>. Acessado em 31/1/2007.

Walters, Ronald. "Racismo e ação afirmativa". In: Souza, Jessé *et al.* (orgs.). *Multiculturalismo e racismo: uma comparação Brasil-Estados Unidos*. Brasília: Paralelo 15, 1997.

IMPRESSO NA
sumago gráfica editorial ltda
rua itauna, 789   vila maria
02111-031   são paulo   sp
tel e fax 11 **2955 5636**
sumago@sumago.com.br

GRÁFICA
sumago